감동을 주는
부모 되기

교사 이호철이 부모에게 드리는 자녀 교육 길잡이

감동을 주는
부모 되기

이호철 글

보리

아이들은 행복하게 자라야 합니다

아이들이 부모한테 받은 감동 이야기로 이호철 선생님이 교육의 길을 밝힌 《감동을 주는 부모 되기》를 내리 다 읽었습니다. 많은 아이들이 자신의 이야기를 솔직하고 생생하게 쓴 글을 바탕으로 교육 문제를 찾아내고 교육의 길을 밝힌 글입니다. 2001년에 나온 《학대받는 아이들》에 이어 쓴 글입니다.

이호철 선생님은 언제나 아이들이 쓴 글을 가장 으뜸 자리에 놓고 교육의 길을 밝히고 있습니다. 그래서 어떤 교육 이론보다 쉽고 재미있게 가슴속 깊이 파고들어 마음을 흔듭니다. 이 책에 나오는 아이들 글을 읽으면 아이들 마음이 훤히 보입니다. 아이들이 무슨 생각을 하는지, 어떻게 살고 싶은지, 부모가 어떻게 대했을 때 감동받는지도 잘 알 수 있습니다.

아이들이 어떻게 이렇게 솔직하고 생생하게 글을 썼을까요? 저는 선생님이 아이들이 하고 싶어 하는 말을 잘 들어주었기 때문이라고 생각합니다. 아이들의 소리 없는 몸짓까지도 귀담아 들어주고 알아주고 감동해 주었기 때문이라고 생각합니다.

요즘 아이들은 온갖 시험 경쟁으로 내몰려 입을 다물고 마음의 문까지 꼭꼭 걸어 닫은 지 오래입니다. 가르치려고만 드는 미친 경쟁 교육은 "니 말이 시험에 나오냐?" 하면서 시험에 나오지 않는 말은 쓸데없는 말이라고 들어주지 않습니다. 아이들이 쓰는 글도 솔직하게 자신의 이야기를 쓰게 하지 않고 거짓으로 남의 글을 흉내 내게 만듭니다. 이런 현실 속에서 아이들이 마음을 열고 글을 쓰게 하는 일은 어려운 일입니다.

저는 얼마 전에 청주 여자 교도소를 다녀올 일이 있었습니다. 그곳에 있는 아이들 98퍼센트가 집을 떠나고 싶다고 합니다. 그 어디에도 감동이 없는 경쟁 교육으로 내몰린 아이들이 이렇게 교실 밖으로 집 밖으로 헤매고 있습니다. 이런 아이들을 다시 집으로, 학교로 돌아오게 하는 교육이 필요합니다. 그 방법은 교사나 부모가 어떻게든 아이에게 감동을 주는 길밖에 없습니다. 어린 시절 선생님이나 부모로부터 받은 감동은 어른이 되어서도 지치고 어려울 때마다 우리를 지켜 줍니다. 벼랑 끝까지 몰렸을 때도 다시 살아갈 힘을 줍니다.

아이에게 감동을 주려면 어떻게 해야 할까요? 이호철 선생님은 솔직하게 자신의 이야기를 털어놓은 아이들 글을 보여 주면서 아이들 마음을 들여다보라고 합니다. 아이들은 하나같이 칭찬을 좋아하고, 위로와 격려 속에서 크게 힘을 받습니다. 작은 일이라도 인격을 존중해 주면 아주 좋아하고, 부모가 모든 일에 먼저 모범을 보이면 감동받습니다. 이 책에는 아이들이 부모에게 감동받은 이야기를 스물네 가지로 나누어 정리해 놓았습니다.

저는 유치원에서 18년째 아이들 말을 귀담아 들어주는 마주이야기 교육을 하고 있습니다. 마주이야기는 대화를 뜻하는 순우리말로, 부모가 아이 말을 잘 들어주고 감동해 주자는 교육입니다. 부모가 아이들 말을 많이 들어주고 알아주고 감동해 주면 아이들은 언제나 주인공이 되어 싱싱하고 건강하게 자란다고 생각합니다. 이런 마주이야기 교육은 이호철 선생님이 아이들 마음을 열어 주고 삶을 가꾸는 글쓰기 교육을 하는 것과 그 뜻이 같다고 생각합니다.

이 책에는 아이들이 행복하게 자라기를 바라는 이호철 선생님 마음이 가득합니다. 또 부모에게 감동받아 행복한 아이들 이야기가 가득합니다. 아이들이 행복하게 자라면 이 사회도 조금은 더 따뜻하고 행복해질 것입니다.

아이를 행복하게 키우고 싶은 부모가 있다면, 아이에게 감동을 주는 부모가 되고 싶다면 이 책을 얼른 읽어 보세요. 부모도 행복하고 아이도 행복할 수 있는 길을 찾을 수 있을 거예요.

2008년 12월
박문희 | 마주이야기 교육 연구소 소장

감동을 주는 것이 가장 좋은 교육이다

나는 글쓰기 지도를 교육의 중요한 자리에 놓고 있다. 거짓으로 꾸며 쓰는 글이 아니라, 자신의 삶을 솔직하고 자세하게 쓰는 글은 아이들 삶을 가꾸는 데 아주 중요한 노릇을 한다고 보기 때문이다. 그러다보니 하루에도 몇십 편씩 아이들 글을 본다.

아이들 글 속에는 온갖 이야기가 다 담겨 있다. 식구 이야기, 동무 이야기, 이웃 이야기, 학교 이야기, 그리고 자기와 가까운 사회 이야기까지. 그 가운데서도 아이 자신과 가까이 있는 식구 이야기가 가장 많다. 아이들은 동생과 다툰 이야기, 부모에게 꾸중 들은 이야기, 친척들과 즐겁게 지낸 이야기 같은 집안에서 있었던 기뻤거나 슬펐던 이야기들을 아주 솔직하게 썼다.

그 이야기 가운데서 내 마음을 가장 아프게 한 것은 부모에게 학대받는 아이들 이야기다. 그 글들을 보면서 나는 너무 가슴이 아팠고, 이런 학대 현실을 세상에 생생하게 알려야겠다고 생각했다. 그래서 낸 책이 바로 《학대받는 아이들》(보리)이다. 《학대받는 아이들》을 낸 지도 벌써 여러 해가 지났다. 모든 부모들이 이 책을 읽고 아이들을 학대하는 문제가 얼마나 심각한지를 깨닫기를 바랐는데,

아직도 아이를 학대하는 어른은 너무나 많다.

그래서 이번에는 그와 반대되는 글을 내보여야겠다고 생각했다. 아이들이 부모에게 감동받은 이야기들을 보면 많은 부모들이 아이들을 학대하려던 마음을 다스리고 아이들에게 감동을 주는 좋은 부모가 되려고 애쓰지 않을까 싶어서다. 많은 부모들은 아이들이 어떤 일에 얼마만큼 깊이 감동하는지를 잘 알지 못한다. 아이들이 어떤 일에 감동하는지를 잘 알면 아이를 키우는 데 도움을 많이 받을 수 있다.

이 책에 실린 아이들의 글을 읽으면 아이들 마음을 쉽게 들여다볼 수 있다. 아이들은 부모가 자그마한 선물을 주거나 작은 요구를 들어주기만 해도 감동한다. 아플 때 정성껏 간호해 주거나, 힘들어할 때 격려해 주고, 어려운 일을 할 때 조금만 도와주어도 깊이 감동한다. 때로는 가볍게 안아 주거나, 조금 칭찬해 주거나, 따뜻하게 말 한마디만 건네도 눈물이 솟구칠 만큼 감동하고, 열심히 일하는 부모를 보거나, 부모와 같이 즐겁게 놀기만 해도 아이들은 뜨겁게 감동한다. 이렇게 쉽게 감동하고 행복해하는 아이들에게 우리는 얼마나 감동을 주고 있는가?

글쓰기로 아이들의 살아 있는 감정을 제대로 끌어내는 일은 쉽지 않다. 아이들은 교사를 진정으로 믿고 있을 때만 솔직하게 글을 쓰기 때문이다. 그런데 교사와 아이들도 늘 관계가 좋을 수는 없다. 온갖 사건이 심심찮게 일어나고 그 사건 속에서 서로 부딪치기도 한다. 이렇게 수없이 부딪치면서 서로 진정한 관계를 맺어 나갈 때 믿음이 더욱 굳어진다. 그때 아이들은 자신의 마음을 솔직하게 다 털어 놓는다. 여기에 실려 있는 글은 모두 이렇게 해서 나온 글이다.

'감동'이라는 말은 '깊이 느끼어 마음이 움직인다.'는 뜻이다. 겉모습이 아니라 속마음이, 그것도 나쁜 쪽이 아니라 좋은 쪽으로 움직인다는 말이다. 그래서 '감동'이라는 말은 참 좋은 말이다. 하지만 사람 사는 일이 쉽지 않아서 부모가 늘 아이에게 감동을 줄 만큼 평화롭게 살지는 못한다. 부모 마음속에는 언제라도 불쑥 튀어나올 수 있는 학대 감정이 도사리고 있다. 이 감정이 튀어나오려는 낌새가 보이면 슬쩍 한발 물러서서 마음이 평온해질 때까지 기다리자. 그러다 보면 뜻밖에도 아이에 대한 애틋한 감정이 솟아날 것이다. 그러면 아이를 감동시킬 준비가 되었다고 할 수 있다.

아이들에게 감동을 주는 것만큼 좋은 교육은 없다. 감동은 아이를 바르고 기운차게 살아가게 하는 큰 힘이다. 지금이라도 진정한 마음으로 아이를 살포시 안으며 "사랑해!" 하고 말해 보자. 이 흔한 말 한마디만으로도 아이는 파르르 떨며 감동할 것이다. 이보다 무엇이 더 필요할까?

2008년 12월
이호철

▌일러두기 ▐

* 이 책에 나오는 아이들 글은 이호철 선생님이 가르친 초등학교 아이들 글입니다.
* 글을 쓴 아이들 이름은 인격을 보호하기 위해서 바꾸었습니다.
* 아이들 글은 띄어쓰기와 맞춤법만 고치고 사투리나 입말은 그대로 두었습니다.

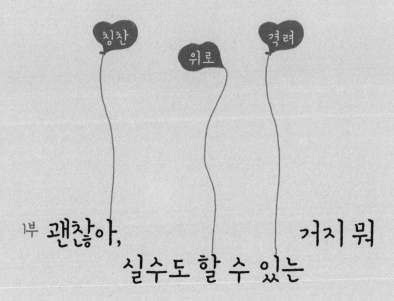

1부 괜찮아,
실수도 할 수 있는 거지 뭐

1 아이는 칭찬으로 자란다

　나는 어린 시절을 돌이켜 봐도 크게 칭찬받은 일이 없다. 그러나 한 가지 생각나는 일이 있다. 아버지가 어느 날 우리 교실에 들어와 동무들에게 "야들아, 우리 호철이하고 친하게 지내라. 그라고 공부 열심히 하거라. 선상님 말 잘 듣고……." 하면서 동무들 머리를 쓰다듬어 주었다. 그러고는 선생님이 교실에 들어오자 모자를 벗고 허리를 구십 도로 굽혀 절을 하며 "우리 호철이 잘 가르쳐 주이소. 그라고 인간 되도록 가르쳐 주이소." 이렇게 말했다. 그리고 다시 절을 했다. 이런 일이 몇 번 있었다. 나는 그 일을 겉으로는 아주 창피스럽게 생각했지만 속으로는 '나도 나를 끔찍하게 생각하는 아버지가 있어!' 이렇게 외쳤다. 그 바탕에는 '아버지가 나를 참 귀하게 생각하고 있구나.' 하는 마음이 있었던 거다. 아버지는 드러내 놓고 나를 칭찬하지는 않았지만 그래도 그게 나에게 큰 힘이 되었다.

　부모들은 보통 아이를 칭찬하기보다는 아이에게 불만을 더 많이 터뜨린다. 잘하는 일보다 잘못하는 일이 눈에 더 크게 들어오기 때문이다. 아이에게 거는 기대가 크면 클수록 아이가 잘못했을 때 불만이 더 커진다. 그래서 아이들 가슴에 못 박을 말을 하는 줄도 모르고 다그치고 꾸중하는 데 더 익숙해져 있다.

아이들이 잘못하는 것은 왜 그렇게 부모 눈에 크게 들어올까? 부모 생각이 늘 그쪽으로 기울어져 있기 때문이다. 기울어져 있는 그 생각을 바로잡으려면 자꾸만 아이가 잘한 일을 찾아 칭찬을 많이 해 주는 버릇을 들여야만 한다. 그렇게 해야 아이들과 함께 살맛 나는 세상에서 더 행복하게 살 수 있다.

칭찬은 아이들에게 자신감을 심어 주고, 모든 일이 잘 되도록 힘을 북돋워 준다. 사람은 칭찬을 듣고 기분이 좋아지면 마음이 너그러워지고, 나아가 다른 사람의 감정을 이해하고 배려하는 힘도 자란다. 그리고 다른 사람에게도 그 칭찬하는 버릇이 전해져서 온 사회가 풍요롭고 정이 넘치는 사회가 될 것이다.

구두 닦고 받은 용돈

나는 아침 일찍 일어났다. 눈이 끔뻑끔뻑. 멍하니 가만히 앉아 있다 눈곱이 낀 눈을 비비고 시계를 봤다. 아침 여섯 시다. 너무 일찍 일어난 것 같았다. 그래서 더 자려다 잠도 안 오고 그래서 곰곰이 생각을 했다.

"아아, 맞다! 아빠 구두 닦아 드리면 딱 좋겠다. 오케이! 좋아! 옷부터 갈아입고 나가서 닦아야지."

나는 옷을 갈아입고 세수를 했다. 그리고 신발장 구석에 처박혀 있던 마른 천과 솔, 구두약을 꺼냈다. 위에 먼지가 수북했다. 후우 불어 보니 먼지가 송홧가루처럼 날렸다.

"아이고 켁켁, 얼마나 이걸 안 썼으면 먼지가 켁켁, 아이고 아무튼 시작이나 하자."

우선 솔에 구두약을 묻혀서 아빠가 가장 아끼는 구두에 문질렀다. 구두약이 무슨 진흙이 묻는 것처럼 구두에 묻었다. 냄새도 고약했다. 그래도 아빠를 조금이나마 돕는 일이라고 생각하니 마음이 뿌듯했다. 다 문지르고 마른 천으로 탁탁 머리를 털듯이 닦았다. 닦을 때마다 새까맣게 묻어 나왔다. 그렇게 닦으니까 아빠의 구두는 점점 빛이 났다. 구두에 내 얼굴도 희미하게 보였다.

"히히, 이 정도면 괜찮겠지!"

나는 구두를 깨끗이 닦고 영어를 들었다. 영어를 듣고 있는데 아빠 목소리가 들렸다.

"으응! 누가 내 구두를 이렇게 깨끗이 닦았지? 번쩍번쩍 빛나네!"

'히히, 영어 다 듣고 아빠한테 말해야지, 히히.'

드디어 영어를 다 들었다. 나는 부엌에 있는 아빠에게 다가갔다.

"지수야, 영어 다 들었나?"

"네. 밥은 다 드셨어요?"

'크흐흐흐, 조금씩 조금씩 다가가는 거야.'

"저기 아빠 있잖아요……."

"엉, 왜 뭐 말하게?"

"구두요, 제가 닦았어요!"

"앗, 그거 정말이냐? 이야아, 지수 정말 자알 닦았는데 아빠가 용돈 줄까?"

"아니요. 필요 없어요. 정말요."

"아아 참 내, 괜찮다 카이 칸다. 이거 받아라."

아빠는 뒷주머니에서 지갑을 꺼내서 새 돈 천 원을 주었다. 그래도 나는 고개를 절레절레 흔들며 필요 없다고 했다.

"아, 니가 오랜만에 아빠 기쁘게 해 줬잖아. 자, 많은 돈은 못 줘도 이거라도 받아라. 어, 부탁이다."

"아아, 저 받기 싫은데 아빠, 제 저금통에 넣어 주세요."

"안 돼. 니가 쓰고 싶은 데 써라. 알았제? 아빠 간데이."

아빠는 쏜살같이 나갔다. 그래서 잡지를 못했다. 이 구두닦이 한 번 하고 천 원짜리 하나 받은 건 처음이다. 그래도 이건 세상 어느 누구에게도 못 받을 아빠의 마음이 다 담긴 천 원짜리가 아닌가. 아빠, 사랑해요!

✎ 아이들은 대가를 바라고 착한 일을 하는 척할 때가 자주 있

다. 좋지 않은 버릇이다. 어릴 때부터 무슨 일을 하면 얼마 줄게 좀 해라, 하는 식으로 집안일을 시켰기 때문이다. 가족 공동체 안에서는 모든 일을 대가를 바라고 하면 안 된다. 한식구끼리는 당연히 서로 도와주고 아껴 주고 배려해 주어야 한다. 물질로 그 가치를 따질 수 없다. 그런데도 가끔 아이에게 돈으로 칭찬하는 마음을 전하고자 할 때는 진심을 담아서 해야 한다. 물질로 진심을 대신해서는 안 된다. 그리고 액수도 아이에 맞게 주어야 한다.

이 글에 나오는 아이는 아빠한테 돈을 받지 않으려고 한다. 아빠에게 칭찬 들은 것만으로도 좋다는 뜻이다. 아이는 아빠에게 돈을 받으면 진심으로 아빠를 위해 한 일이 오히려 가치가 없어진다는 것을 알고 있다. 참으로 칭찬할 만한 아이다. 이때는 아이의 머리를 쓰다듬어 준다든지 꼭 안아 주어서 진심으로 사랑한다는 표현을 해 주면 된다.

버스 안에서

5학년 김수만

오늘 아빠와 함께 할머니 병원에 갔다. 아빠 차에 기름을 안 넣어 버스를 탔다. 오백구 번이다. 너무 북적대서 꼭 개미들이 음식을 찾아 모여든 듯했다. 가만히 있어도 땀이 주르르 흘렀다. 숨이 칵칵 막혀 오고 잡을 데도 없어 아빠를 잡고 갔다.

"수만아, 덥제?"

"네!"

나는 또 더워 얼굴을 찌푸리며,

"아빠, 더워 죽겠어요."

하고 말했다.

그런데 짐 많은 할머니가 있어도 아무도 비켜 주지 않았다. 어떤 여자아이는 할머니를 보면서도 비켜 드리지 않고 있었다. 아버지가 혀를 차며,

"수만아, 니는 저러지 마래이."

"네."

한참 가다 보니 모자를 쓰고 있던 어떤 형이 웃으며,

"할머니, 여기 앉으세요."

하며 자리에서 일어섰다. 할머니는,

"고마워서 어쩌나!"

하며 꾸깃꾸깃한 천 원짜리 한 장을 줬다.

다섯 정류장을 더 거치자 자리가 딱 두 자리 났다. 그래서 겨우 나와 아빠가 앉았다. 그런데 가다 보니 또 한 할아버지가 탔다. 할아버지는 내 자리 바로 옆에 서 계셨다. 난 자리에서 벌떡 일어나,

"할아버지, 여기 앉으세요."

하고 말했다.

그랬더니 아빠가 눈을 찡긋하며,

"장하다, 내 아들!"

하고 엄지손가락을 치켜올렸다. 나는 그때 기분이 날아갈 것 같았다.

나는 아빠 다리 사이에 앉아 갔다. 병원에 다 가서는 할머니와 놀아 드리고 다시 버스를 타고 왔다.

✎ 보통 비좁은 버스에서 아이가 자리를 양보했다면 칭찬은커녕 바보짓이라고 꾸중하기 쉽다. "겨우 얻은 자리를 왜 비켜 주냐,

바보처럼." 이렇게 말이다. 그런데 "장하다, 내 아들!" 이러며 엄지손가락을 치켜올렸으니 아이가 얼마나 좋았을까. 이렇게 해서 이 아이는 사회의 도덕과 질서를 잘 지키는 어른으로 자랄 수 있는 발판을 튼튼히 다지게 되었다. 이렇게 자란 아이는 사회 규범을 하나하나 가르치지 않더라도 스스로 올바로 지켜 나가는 사람이 될 것이다.

우리 아들 착하네

6학년 김명우

우리 엄마는 내가 심부름을 하거나 엄마의 일을 도와주면,

"우리 아들 착하네."

하고 말을 한다. 나는 이런 말을 들으면 왠지 기분이 좋아져서 다음에 더 잘하고 싶은 마음이 생긴다.

전번에 엄마가 나에게,

"명우야, 두부 좀 사 온나."

하며 심부름을 시켰다.

"알았어요. 돈이나 주세요. 갔다 올게요."

처음에는 심부름이 하기 싫었지만 엄마가 시키니까 할 수 없이 갔다. 대경에 들어가서 두부를 한 모 사 왔다. 나는 솔직히 심부름하기가 싫었다. 그래서 계속 투덜거리며 집에 왔다.

"씨이, 왜 심부름 시키는데. 짜증 난다."

그런데 집에 오니까 엄마가 내 머리를 쓰다듬어 주며,

"우리 아들 심부름도 잘하네. 우리 아들 잘하네."

하며 칭찬을 해 주었다. 나는 왠지 기분이 좋아졌다. 그래서 조금

전에 투덜거리며 갔다 온 것이 조금 후회가 되었고 엄마께 죄송한 마음도 들었다. 그리고 다음부터는 절대로 그런 일이 없도록 해야겠다고 다짐을 했다.

엄마는 나를 이해해 주는 것 같다. 왜냐하면 내가 시간을 질질 끌며 심부름을 했는데도 아무 잔소리하지도 않고 칭찬을 해 주었기 때문이다.

"엄마, 죄송해요."

✎ 시간을 질질 끌며 억지로 갔다 온 태도가 눈에 훤하게 보여도 심부름한 것에 초점을 맞추어 칭찬을 했다. 참 잘했다. 그러니까 아이는 스스로 제 잘못을 반성하기도 한다. 그렇지 않고 늦게 갖다 왔다고 꾸중을 했다면 틀림없이 아이는 반성은커녕 오히려 반감을 가졌을 것이 뻔하다.

아이들을 대할 때는 늘 잘못한 것보다 잘한 것에 더 관심을 보여야 한다. 잘못한 행동이라도 그냥 넘어가면 자라면서 저절로 고쳐지는 것이 아주 많다. 괜히 그런 것에 관심을 쏟다 보면 정작 칭찬해야 할 기회를 놓쳐 버리기 쉽다. 아이의 성격에도 좋지 않은 영향을 끼친다. 잘한 행동을 칭찬하다 보면 잘못한 행동도 아이 스스로 좋은 방향으로 바꾸어 나간다. 아이의 좋지 않은 면보다는 좋은 면을 보며 발전시켜 나가야 한다.

어이구, 우리 혜진이 착하네

5학년 최혜진

어제 저녁의 일이다. 나는 내 방에 있다가 방문을 스르르 열고 거실에 나왔다. 언니를 보니 뭘 하는지 히히덕거리며 친구와 채팅을 하고 있었다. 아빠를 보았다. 누워서 야구를 보고 있었다. 엄마는 왔다 갔다 하며 저녁 음식을 챙겨서 식탁으로 옮기고 있었다.

나는 늘 하던 대로 식탁에 수저를 차례차례 놓았다. 엄마는 언제 나를 봤는지 가까이 와서는,

"어이구, 우리 혜진이 착하네!"

내가 늘 이렇게 하는 일인데, 엄마가 오늘따라 나한테 칭찬을 해 주는 것이다. 정말 이상했다. 나는 뒤를 힐끔 돌아보며 씩 웃었다. 그래도 오랜만에 들어 보는 칭찬이어서 그런지 웃음이 절로 나왔다. 나는 물도 꺼내 놓았다.

"우리 혜진이 다 컸네."

엄마가 또 나를 보며 웃었다. 나도 엄마를 보며 웃었다. 나는 방으로 들어왔다.

지금 생각해 보면 정말로 흔하게 들을 수 있는 말인데 왜 그렇게 좋은 걸까? 아무튼 엄마한테 칭찬을 들으니 좋다. 그러고 보니 엄마가 요즘 우리 앞에서 언제나 웃는 것 같다. 칭찬도 많이 해 주고……. 엄마의 그런 행동이 이상하기도 하지만, 작은 일에도 칭찬을 해 주니 자꾸만 하고 싶은 생각이 든다. 앞으로는 엄마 일을 많이 도와주어야겠다는 마음이 자꾸 생긴다.

✎ 아이는 늘 해 오던 일인데다가 큰일도 아닌 일을 하고 뜻밖에 칭찬을 들으니 조금 당황하면서도 아주 좋아한다. 그리고 칭찬 들을 일을 자꾸 하고 싶어진다고 했다. 우리는 아이가 흔히 아주 큰 일, 대단한 일을 했을 때에만 칭찬하기가 쉽다. 하지만 그렇게 하는

것만이 좋은 것은 아니다. 목표치를 너무 높게 잡으면 오히려 칭찬할 기회가 없어진다. 여기에 나오는 아이처럼 작은 일, 쉽게 할 수 있는 일이지만 다른 아이들은 못할 수도 있는 이런 일을, 더구나 스스로 했을 때 더 칭찬을 해 주어야 한다. 그래야만 자주 칭찬할 기회가 생긴다.

그러나 여기서 하듯 "어이구, 우리 혜진이 착하네!" "우리, 혜진이 다 컸네." 이렇게 칭찬하는 것은 조금 막연하다. 칭찬하는 까닭을 좀 더 또렷하게 말해 주는 것이 좋다. 예를 들면 "저녁이 늦어 무척이나 바빴는데 거들어 줘서 고마워." "말 안 해도 스스로 엄마를 거들어 주는 걸 보니 우리 혜진이 다 컸네." 이렇게 해야 한다. 그러면 어머니가 어떤 점을 칭찬하고 있는지 아이가 잘 알아들을 수 있다.

2 위로와 격려가 주는 힘

아이가 일을 잘했을 때 칭찬하기는 쉽다. 그러나 어떤 일을 하기 전에 불안해하거나 자신감을 잃고 있을 때 진정한 마음으로 격려해 주기는 쉽지 않다. 더구나 어떤 일을 하다 실패하거나 바라던 결과가 나오지 않아 의욕을 잃고 있는 아이를 위로해 주고 격려해 주기는 더욱 쉽지 않다. 아이에게 부모의 욕심을 채우고자 하는 마음을 잘 버리지 못하기 때문이다. 오히려 "멍청이 같은 녀석, 그것도 못해!" 이렇게 꾸중하기가 더 쉽다. 또는 겉으로는 "괜찮아, 다음에 더 잘하면 되지 뭐." 이렇게 말하지만 속으로는 '멍청이 같은 녀석, 그것도 못하는 녀석이 뭘 하겠다고 그래!' 이렇게 생각하기가 쉽다. 정말 어려울 때 진정한 마음으로 아이 곁에서 힘을 북돋워 주고 격려해 줄 수 있는 부모는 그렇게 많지 않다.

부모가 위로하고 격려할 때 아이가 감동을 받아야 그 위로와 격려가 아이에게 큰 힘이 될 수 있다. 욕심이나 꾸미는 마음이 아니라 진정한 마음으로 아이와 함께하는 부모라야 아이가 그 위로와 격려를 감동으로 받아들일 수 있다.

사람들은 누구나 실수도 하고 실패도 한다. 어린아이들은 더욱더 그렇다. 실수나 실패를 해 보지 않으면 발전할 수 없다. 어린아이일

수록 실패해도 좌절하지 않고 또 도전해야 한다. 실패했다고 꾸중하고 벌을 주면 아이들은 거짓말을 하고 속임수를 써서 성공한 것처럼 보이려고 할 것이다. 어떤 일을 하다 실패하면 아이가 그대로 받아들일 수 있도록 하고, 어떻게 해서 실패했는지도 잘 이해할 수 있도록 해 주어야 한다. 그리고 조금씩 의욕과 자신감을 찾을 수 있도록 해 주어야 한다. 아이가 잘할 수 있는 다른 일을 찾아 성취감을 맛볼 수 있도록 해 주는 것도 한 방법이다.

실수와 실패는 성공하기 위한 발판이다. 아이가 실수하거나 실패했을 때는 진정한 마음으로 위로하고 격려해 주어야 한다.

엄마의 위로

5학년 조주현

지난 토요일의 일이다. 나는 많은 시험지를 보며 걱정이 되어 눈물을 뚝뚝 흘리고 있었다. 그때 엄마가 나에게 다가와서는,

"주현아, 뭐 하니? 빨리 밥 먹어라."

하고 말했다. 나는 눈물을 닦고 밖에 나갔다. 식구들이 있는데도 슬픈 표정이 사라지지 않았다. 그러자 엄마가,

"왜 웅크리노? 허리 쫙 펴라."

하고 말했다. 그렇지만 나는 시험지 때문에 기운을 낼 수가 없었다.

밥도 덜 먹고 다시 방에 들어와 시험지를 뚫어지도록 보았다. 그때 엄마가 들어왔다. 나는 바로 시험지를 숨겼다. 엄마가 그걸 보았다.

"니 뭘 그렇게 숨기노?"

나는 시험지를 앞으로 내밀었다. 그러니 엄마는,

"아아, 니 혹시 지금까지 이 시험 점수 때문에 그러고 있는 거 아니가?"

하고 말했다.

"네. 엄마, 죄송해요. 사회는 진짜 잘 치려고 했는데……."

"괜찮아, 실수도 할 수 있는 거지 뭐. 걱정하지 마."

그러며 내 볼에 뽀뽀를 살짝 해 주고는,

"이 정도도 잘했어. 다음에 더 잘하면 되지 뭐."

하고 위로를 해 주었다. 엄마는 밖에 나가며,

"그 시험지 때문에 절대로 우울해 있지 마. 그런 거 다 째 버리면 되잖아. 100점 맞은 건 째지 말고 보관하고 그러면 되잖아."

"안 돼요! 우리 선생님이 이 시험지로 공부하라고 했어요."

"아, 그러니? 그러면 안심하고 잠 푹 자라."

하며 이불을 덮어 주었다.

나는 마지막에 이불을 덮어 줄 때 마음이 찡했다. 그리고 더 열심히 공부해야겠구나, 생각했다.

✏️ 어머니가 "괜찮아, 실수도 할 수 있는 거지 뭐. 걱정하지 마." "이 정도도 잘했어. 다음에 더 잘하면 되지 뭐." 이렇게 말하니 아이는 위로를 받고 자신감도 얻는다. 어머니가 아이의 현실을 진정으로 공감해 주고 있다. 이런 말은 누구나 쉽게 할 수 있을 것 같지만, 많은 부모들이 그렇지 않다. 시험 점수를 못 받아 오면 아이가 더 우울하기 마련인데 부모가 오히려 화를 내고 아이 기를 죽이는 경우가 더 많다. 이 글에서 어머니가 아이를 진정으로 위로해 주니 아이는 어머니 말을 진심으로 받아들이고 다시 공부를 열심히 해야겠구나, 생각한다.

배치고사

6학년 오소운

두 달 뒤면 배치고사를 본다.

"엄마, 현지는 언니랑 문제집 푼데."

"너는 1월부터 공부하면 된다."

"그래도 4학년이랑 5학년 것까지 나오는데?"

나는 6학년 들어와서 시험에 많이 신경 쓴다. 그리고 배치고사는 학교 전체 등수로 매기기 때문에 더욱더 신경 쓰게 된다.

이렇게 걱정하는 나에게 엄마는,

"배치고사 못 쳐도 된다. 엄마가 언제 너보고 1등 하라고 했니? 50등을, 아니 꼴등을 해도 괜찮다."

"엄마는 잘 모르겠는데, 내가 창피하잖아."

"언니도 53등인가 했어. 그때 창피하긴 했어도 창피한 것을 벗어나려고 다음부터 더욱더 노력해서 1등 하고 했잖아. 모든 것을 처음부터 잘하려고 하면 안 돼."

"언니가 53등을 했었다고? 그때 공부 하나도 안 했지?"

"아니, 공부야 열심히 했지."

"근데 왜 그랬어?"

"자신감이 없어서 그런 것이야."

"자신감 있다고 시험을 다 잘 보나?"

"꼭 그렇다고는 볼 수 없지만 대부분 그렇다는 이야기지. 실력은 있지만 자신감 없고 떨면 아는 문제라도 틀리는 경우가 많지. 너도 그렇지? 아는데 틀리는 문제가 많잖아."

"하긴 엄마 말이 맞는 거 같네."

"맞는 거 같기는, 맞는 거야."

"근데, 나 진짜 못 보면 나도 몰라. 엄마 절대로 기대하지 마. 내가 말해 뒀다. 기대 절대로 하지 마라."

"엄마는 기대 하나도 안 한다. 니가 열심히만 하면 엄마는 그것만으로도 만족한다. 엄마가 그랬잖아. 처음부터 잘하는 것은 아니라고. 그러니까 편하게 생각해."

"알겠다. 진짜 엄마가 못 봐도 된다고 했다. 진짜다."

"알았어."

나는 엄마의 말에 힘을 얻어 천천히 열심히 공부하기로 마음먹었다. 그리고 엄마가 나에게 기대를 하지 않아도 열심히 하기로 했다.

엄마가 기대를 하지 않는다는 것이 엄마와 나에게는 아주 좋은 선택이었을 것 같다. 엄마가 큰 기대를 안 해서 실망할 일도 없고, 나는 편한 마음 가져서 시험을 잘 볼 수도 있기 때문이다.

"엄마, 자신감 갖게 해 줘서 고마워요!"

✎ 아이들은 부모들이 자신에게 거는 기대를 무척 의식하고 있다. 부모의 기대에 못 미칠 때 부모가 실망하는 모습을 보는 것은 정말이지 큰 괴로움이다.

이 아이는 배치고사에서 성적이 나쁘게 나오면 어떡하나, 걱정을 많이 하고 있다. 그렇지만 어머니가 아이의 마음을 잘 이해하고 안정시킨다. 어머니와 아이가 주고받는 말을 보면 어머니가 참 잘했다 싶다.

때로는 아이를 잘 위로하고 격려해 놓고는 결과가 기대치만큼 안 나오면 은근히 실망하거나 꾸중하는 경우도 있다. 이렇게 하면 정말 안 된다. 그러면 다음부터는 부모가 위로하고 격려해도 아이는 절대로 믿지 않을 뿐만 아니라 더욱 불안해하고 자신감을 잃을 수도 있다.

용기

5학년 정원호

며칠 전에 엄마와 함께 엄마 친구를 만나러 갔다. 가니 우리 엄마의 친구 아이들도 여럿 있었다. 그런데 아이들은 모두 장기가 있어 우리 엄마 친구들에게 모두 장기를 보여 주었다. 무용하는 아이, 태권도를 힘차게 하는 아이, 컴퓨터 잘하는 아이, 피아노 잘 치는 아이 등 장기도 여러 가지였다.

그런데 나는 보여 줄 게 없어 엄마 옆에 바짝 붙어 있었다. 그런데 어떤 아줌마가,

"그 집에는 장기 없나, 우리 아들은 태권도 잘하는데?"

하며 날 업신여기는 듯이 말했다. 그러자 우리 엄마는,

"우리 아들은 너무 점잖아서 장기 같은 거 없다, 하하하."

하면서 나를 감싸 안아 주었다.

그런데 어떤 아줌마는 내가 들어서 기분 안 좋은 점만 이야기했지만 엄마는 그것에 절대로 기죽지 않고 또박또박 그에 대한 이유를 말했다. 그렇게 대답을 한 뒤 엄마는 나를 보고,

"원호야, 기죽을 거 없다. 그런 거 가지고 기죽으면 안 되지. 장기 없다고 세상이 어떻게 되는 것도 아니니까 괜찮다."

엄마는 엄마 친구들에게 욕 얻어먹는 것처럼 모욕을 당해도 나를 감싸 주며 보호해 주었다. 나는 그것을 보고 기죽지 말라는 것과 그런 일은 자기가 헤쳐 나가야 한다는 것을 알았다.

엄마 친구들과 만남이 끝나고 차 타고 집에 올 때였다. 엄마는,

"원호야, 엄마 하는 것처럼 절대 기죽지 말고 당당하게 살아야 한다. 꿋꿋하고 당당하게, 알았제?"

하고 다시 말했다.

나는 엄마가 우리 엄마라는 것이 자랑스러웠다. 이제부터 기죽지 않고 당당하게 맞서며 열심히 살아야겠다.

✎ 다른 아주머니들이 "그 집에는 장기 없나, 우리 아들은 태권도 잘하는데?" 해도 아이의 어머니는 조금도 기분 나빠 하지 않는다. 보통 부모라면 몹시 기분 나빠 하고 창피스럽게 생각할 것이고, 속이 상해 얼굴이 붉으락푸르락할 것이 뻔하다. 속으로는 '멍청이 같은 녀석, 지금껏 뭐 하고 내세울 게 없어? 내 얼굴에 똥칠을 다 하게 만드네.' 이렇게 생각하기도 하겠지. 그런데 이 아이의 어머니는 "우리 아들은 너무 점잖아서 장기 같은 거 없다, 하하하." 하고 당당하게 대한다. 아이는 그 모습만 보고도 힘이 난다.

집으로 돌아올 때도 "원호야, 엄마 하는 것처럼 절대 기죽지 말고 당당하게 살아야 한다. 꿋꿋하고 당당하게, 알았제?" 이렇게 말한다. 어머니의 진정한 마음을 느끼게 해 주는 말이다. 그러니까 아이는 거기에 감동하고 어머니를 자랑스럽게 생각하고, 기죽지 않고 당당하게 맞서며 열심히 살아야겠다고 각오도 한다. 참 보기 좋은 장면이다.

이렇게 부모가 당당해야 아이도 당당해진다.

마음을 열면

6학년 박선희

얼마 전에 내 친구 지연이와 싸웠다. 왜냐하면 서로 의견을 주고받다가 의견이 맞지 않아 서로 말도 잘 하지 않고 얼른 집으로 왔다.

집으로 걸어오고 있으니 엄마가 차를 몰고 내 마중을 나오고 있었다. 난 엄마한테 화난 표정을 보여 주기 싫어 웃었다. 또 지연이와 싸운 것도 말하기가 싫었다. 그러나 내 웃음이 어색했던지 엄마가,

"선희야, 무슨 일 있었나?"

하며 물었다. 그 말에 난 깜짝 놀라,

"아 아니."

하며 슬쩍 넘어갔다.

집에 와서도 계속 기분이 좋지 않아 화난 표정으로 있으니까 엄마는 이상한 낌새를 알아차린 것 같았다.

"선희야, 니 진짜 무슨 일 있었지?"

하면서 자꾸 물어보았다. 내 표정이 이상했나 보다. 그래서 난,

"친구와 말다툼 조금 했어요."

하고 말했다. 그랬더니 엄마는,

"원래 친구랑은 싸우면서 그렇게 정이 드는 거다. 내일 아침에 니가 먼저 아무 일 없는 듯 사과하고 웃어 봐. 그러면 지연이도 웃으면서 사과할 거니까. 언제나 먼저 마음을 여는 사람이 이기는 거다."

하며, 엄마도 옛날 어릴 때는 친구들과 싸우기도 하고 말도 하지 않고 어색하게 지낸 일도 많다고 이야기해 주었다. 난 순간으로 어른들도 어릴 때는 싸우면서 우리처럼 컸는가 보다, 하고 생각했다.

엄마가 하는 말 가운데 먼저 친구한테 마음을 열라고 하는 말이 가슴에 와 닿는다. 정말 세상을 많이 산 어른들의 말이 옳은 것 같다.

우리 엄마는 친구 같아서 나와 수준이 비슷하도록 노력을 많이 한다. 내가 어릴 때는 엄마가 너무 친구 같아서 나 자신도 모르게 엄마의 이름을 크게 불러서 혼난 적도 있다. 하지만 엄마가 날 꾸짖어도 난 엄마가 좋다. 무슨 비밀을 아무에게 말하지 못할 때는 엄마보다 나은 친구는 없다. 그리고 내가 잘못을 해도 꾸짖는 것은 조금 하고 다독거려 주는 일이 더 많다. 그리고 늘 하는 말이, "선희야, 니가

먼저 마음을 열어라." 하는 것이다. 난 이 말뜻을 잘 몰랐지만 이번을 계기로 그 뜻을 알게 되었다. 상대편에게 내가 먼저 다가가라는 뜻과도 같다. 난 우리 엄마의 아주 잔잔한 사랑을 느낄 수 있다.

무엇이든지 우리를 위해서라면 다 해 줄 듯한 우리 엄마. 엄마의 사랑만큼 내 사랑은 엄마한테 얼마나 될까? 나도 커서 내 아이에게 과외 수업이나 학원보다도 가정에서 배울 수 있는 예의범절이나 인성을 중요하게 가르쳐 주고 싶다. 또 엄마의 따뜻한 사랑을 듬뿍 주고 싶다.

✎ 아이의 행동을 보고 어떤 문제가 있는지, 큰일이 일어나기 전에 빨리 발견하는 것은 아주 중요하다. 아이에게 어떤 어려운 문제가 있을 때는 겉으로 드러나게 되어 있다. 이 글을 쓴 아이의 어머니는 아이의 모습을 보고 문제가 있다는 것을 알아차리고 어떤 문제인지 알아낸다.

보통 동무와 다투고 오면 친하게 안 지내고 다투었다고 꾸중하기가 쉽다. 그런데 이 글에 나오는 어머니는 아이의 마음을 이해하고 받아들여 주면서 어떻게 하는 것이 좋다고 자상하게 일러 준다. 따뜻한 어머니의 말에 아이는 마음의 문을 연다. 그러고 보니 아이가 더 어릴 때부터 어떠한 비밀이라도 말할 수 있도록 어머니 스스로 넉넉한 마음을 가지려고 노력을 많이 한 것 같다. 그래서 아이도 커서 어머니처럼 하겠다고 한다. 참 보기 좋다.

3 감동을 주는 말 한마디

"말 한마디에 천 냥 빚도 갚는다."는 속담이 있다. 말을 잘하고 못하는 데 따라서 다른 사람에게 아주 큰 영향을 끼친다는 말이다. 또 "말 잘하고 뺨 맞을까?" 하는 속담도 있는데 말을 친절하고 공손하게 하면 해를 입지 않는다는 뜻이다. 그만큼 말을 가려서 잘해야 한다는 뜻이다. 그런데 우리는 말을 참 함부로 하는 경우가 많다. 더구나 화가 나거나 기분이 좋지 않을 때는 아이들 가슴에 못 박을 말도 마구 한다. 말을 해 놓고 조금만 지나면 후회할 말을 생각없이 한다.

어른들끼리 말할 때도 그렇지만, 아이들에게는 더욱 말을 가려서 해야 한다. 아이들은 조그만 일에도 아주 불안해하고, 어른들이 하는 말 한마디에도 자신감을 쉽게 잃기 때문이다. 그러나 이 말을 돌려서 생각하면 아이에게 조금만 믿음을 주고 마음을 안정시켜 좋은 말을 해 주면 아이는 아주 기뻐하며, 깊이 감동받는다는 뜻도 된다.

생각해 보면 어릴 때 부모나 선생님, 둘레 어른들, 또는 동무들에게서 들은 말 가운데 내 삶에 좋은 영향을 끼친 말들이 참 많다. 내가 어려운 일에 빠졌을 때 용기를 주고 희망을 준 한마디 말, 내가 길을 바로 가지 못했을 때 바른 길로 가도록 해 준 그 한마디 말이 어른이 된 지금도 나를 바르고 힘차게 살아갈 수 있도록 이끌고 있다.

아이가 즐거우면 부모도 즐겁다. 아이를 즐겁게 하고, 아이에게 큰 힘을 줄 수 있는 것은 무엇보다 부모의 따뜻한 말 한마디다. 무슨 일이든 말로 하는 것은 아주 쉽다. 돈도 안 들고 힘도 안 든다. 일부러 시간을 낼 필요가 없다. 더구나 좋은 말을 하면 모두가 즐거운 것은 말할 것도 없고 큰 도움도 되니 얼마나 좋은가.

아이들이 감동받는 따뜻한 말을 가만히 보면 모두 아이를 긍정하는 말이다. 어른들은 늘 부정하는 말에 익숙해 있기에 이런 말은 하기가 쉽지 않다. 그러나 좋은 말을 하는 버릇을 한 번 들이면 다음부터는 하기가 아주 쉽다. 아이에게 끊임없이 따뜻한 말을 해 주는 부모가 되면 좋겠다.

태어나 줘서 고맙데이

6학년 박지숙

엄마가 설거지를 하고 내가 누워 있는 침대에 와서 내 옆에 누웠다.

"지숙아, 자나?"

"아니. 그냥 누워 있다."

"그러면 침대에 왜 누워 있노?"

"으응? 그냥."

"지숙아, 태어나 줘서 고맙데이. 알았나, 이놈에 가시나야."

"알았다. 그런데 왜 욕은 하는데?"

"이거는 욕이 아니다. 그냥 좋아서 하는 말이지."

"욕이다, 치이!"

엄마는 내 볼을 살짝 꼬집으며 "태어나 줘서 고맙데이." 하는 말을 해 주었다. 솔직히 말하면 그 말에 가슴이 뜨겁도록 감동을 받았지만 엄마에게는 내색을 하지 않았다. 그 대신 엄마에게 이렇게 말해 주었다.

"엄마! 나는 엄마 무지무지 사랑해!"

"치이, 알았다."

그 말을 듣고 엄마도 조금은 감동을 받은 눈치였다.

엄마는 다시 청소를 하러 나갔는데 나는 침대에 누워 곰곰이 생각했다.

'엄마 아빠는 진짜 내가 이 세상에 태어난 것이 좋은가? 늘 애먹이고 사는데……'

하여튼 오늘 "태어나 줘서 고맙데이." 하는 이 말은 세상 최고의 말이다.

✎ 우리 딸아이를 아주 어릴 때 큰 병으로 잃어버릴 뻔한 일이 있었다. 그리고 자라면서는 조금 엇나가는 행동으로 속을 썩여서 참 많이 혼내기도 했다. 이 두 가지만 생각하면 내 마음이 몹시 아려 온다. 더구나 혼낸 것을 생각하면 왜 그랬을까, 하고 더욱 후회하게 된다. 내가 그때 아이에게 말 한마디가 얼마나 소중한 것인지를 깊이 깨달았더라면 덜 혼냈을 텐데. 이제 다 자란 딸아이를 지켜보면서 가끔 나는 '우리 아이가 지금 내 앞에 살아 있는 것만으로도 참 고맙구나!' 생각한다.

"태어나 줘서 고맙데이." 하는 말이나 "내 딸이니까." 하는 말은 아이의 존재 그 자체를 강하게 긍정하는 말이다. 내 아이가 잘났든 못났든, 능력이 있건 없건, 나쁜 행동을 하든 하지 않든 그것은 아예 문제가 되지 않는다. 이 말에는 이 땅에 내 자식으로 살아 있는 것만으로도 기쁨이요 행복이라는 뜻이 담겨 있다. 이보다 더 아이를 사랑하는 말이 어디 있을까. 그러니까 아이는 그 말에 깊이 감동해서 "오늘 '태어나 줘서 고맙데이.' 하는 이 말은 세상 최고의 말이다."고 한다.

가끔 아이와 단둘이 있을 때 "네가 있어 참 좋구나!" 이 말을 해 주면 아이는 자신이 소중하다는 것을 느끼며 참 행복해할 것이다. 그 모습을 지켜보는 부모 또한 행복할 것이다.

제발 아프지만 말어

6학년 박채연

나는 다른 사람보다 편도선이 약하다. 그래서 자주 목감기에 걸리곤 한다. 내가 아플 때마다 엄마도 고생하신다. 잠 못 자고, 걱정하고…….

"엄마, 목 아프다."

"아이고, 또 아프나?"

"응. 아파 미치겠다. 목소리도 못 낼 만큼……."

"엄마 안 닮아도 되는데 그런 걸 닮아 가꼬, 으이그! 그런 건 안 닮아도 되는데……."

"내가 닮고 싶어서 그랬나?"

"그건 아니지만……."

"엄마한테 옮았는 거 아냐, 히히히."

"뭐 쫌 먹어라."

"아무것도 먹고 싶지 않다."

"그래도……, 밥 안 먹고 약 먹으면 속 쓰리다."

"아, 그냥 안 먹으면 안 돼?"

"엄마가 죽 끓여 줄게. 많이 먹고 안 아파야지."

"응. 알았어."

나는 아무것도 먹고 싶지 않았지만 엄마가 걱정을 많이 해서 어쩔 수 없이 먹었다. 엄마는 내가 아플 때면 항상 죽을 한 번씩 꼭 쑤어 준다. 그래서 엄마의 정성이 담긴 죽을 먹고 약을 먹으면 속이 든든하긴 하다.

"죽 다 먹었어?"

"응."

"제발 아프지만 말어. 건강하게 크는 게 엄마는 제일 행복하다. 알았지?"

"응, 엄마."

나는 엄마에게서 "제발 아프지 말고 건강하게 커라." 하는 말을 들으면 한쪽 가슴이 찌릿하다. 눈에 눈물이 맺힐 때도 있다.

✏ 아이의 몸이 조금이라도 아프면 아버지, 어머니는 몹시 마음이 아프다. 그 마음을 이렇게 말로 드러내어 표현하면 아이들은 감동한다. 아이 대신에 목숨까지 내놓으라면 내놓을 수 있는 사람이 부모 아닌가. 진정한 마음에서 우러나온 부모의 그런 한마디 말에 아이들이 감동을 안 받을 수가 없다.

아이들은 부모가 자신들 건강에 대해 거짓으로 걱정 어린 말을 해 줄 수 없다는 것을 잘 알고 있다. 그래서 이 아이처럼 "제발 아프지만 말어." 같은 말을 들으면 더욱 감동받는다.

니가 있으니 확실히 편하네

6학년 천여림

학교에 갔다 오니 엄마가 아파서 누워 있다. 나는 숙제도 하지 않고 엄마 옆에 가 살며시 누웠다. 엄마가 일어났다.

"여림이 왔나?"

"응. 엄마 어디 아프나?"

"몸살 때문에."

"괜찮나? 물 갖다 주까?"

엄마가 아무것도 필요 없다고 해서 섭섭하였다. 그런데 나도 아플 때 입맛이 없고 세상 귀찮았던 일을 생각하니 많이 섭섭하지는 않았다. 엄마가 아프면 우리는 밥을 먹을 수가 없어서 그것이 걱정이었다.

엄마가 누워서 텔레비전 보는 동안 나는 부엌에 가 무엇을 해 먹지, 생각하며 냉장고 문을 열고 또 열었다. 냉동실 문을 여는 순간 그만 만두가 우르르 떨어졌다. 나는 놀래서 눈이 동그래졌다. 엄마도 놀랬는지,

"여림아, 뭐 하는데?"

하고 물었다. 나는 못 들은 척하고 만두를 주웠다.

'옳지! 만두를 구우면 되겠구나!'

나는 만두를 구웠다. 맛있는 냄새가 솔솔 났다. 만두가 너무 맛있게 보여 한 개를 날름 집어 먹었다. 그러다 뜨거워 큰 소리로 "앗, 뜨거!" 했다.

만두를 다 굽고 난 뒤 밥솥을 열어 보니 밥이 하나도 없었다. 며칠 전에 엄마가 밥하는 방법을 가르쳐 주었는데, 그 생각을 떠올리면서 밥을 하였다. 밥을 하면서도 맛없으면 어쩌지, 하는 생각도 들고, 엄마가 실망하면 어쩌지, 하는 생각에 가슴이 두근두근거렸다. 그래도 아픈 엄마가 하는 것보다 내가 직접 밥을 해서 먹는 것이 더 낫다고 생각을 하며 밥을 했다.

밥을 다 하고 보니 반찬이 세 가지밖에 없어 계란 프라이를 했다. 그리고 엄마를 깨웠다.

"엄마, 밥 먹어라."

엄마는 일어나면서 힘없는 목소리로 말했다.

"밥해야지 먹지."

"했다."

"누가 했는데?"

"내가 했지 누가 하겠노. 엄마가 전번에 가르쳐 줬잖아. 그거 생

각해서 했다."

"니가 있으니 확실히 편하네. 고마워."

"응."

엄마에게 "니가 있으니 확실히 편하네." 하는 소리를 들으니 기분이 좋다. 날아갈 것 같다. 엄마, 이제 아프지 말아요.

✎ 아이들은 스스로 늘 어른들에게 별 도움이 되지 않을 거라고 생각한다. 부모들이 아이들을 무조건 어리다고만 생각하고 집안일에 잘 참여시키지 않았기 때문이다. "네가 그걸 어떻게 해." "너는 아직 못해." 이런 식이다.

그런데 이 어머니는 "니가 있으니 확실히 편하네. 고마워." 이렇게 말했다. 이 말은 아이의 존재를 인정할 뿐만 아니라 아이가 자신이 부모에게 많은 도움이 된다고 생각할 수 있게 해 주는 말이다. 그래서 아이가 무슨 일을 하더라도 자신감을 가지고 즐겁게 해 나갈 수 있게 해 준다.

4 몸으로 표현하는 사랑

나는 아침에 교실에 들어서기 전에 늘 '오늘은 아이들에게 화내지 않고 지내야지.' 하고 마음을 단단히 먹는다. 그래서 교실에 들어서면서 아이들을 안아도 주고 우스갯소리도 하며 즐거운 분위기를 만든다. 하지만 한 시간이 지나고, 두 시간이 지나고, 못마땅한 일들이 하나둘 눈에 들어오면서부터 아이들에게 짜증도 내고 화도 낸다. 때로는 매를 들기도 한다. 그런 일들이 일어나지 않는 날은 하루가 즐겁지만 조금이라도 맺힌 마음을 안고 집으로 돌아가는 날은 개운치가 않다. 그래서 수업을 마치고 아이들과 헤어질 때는 될 수 있는 대로 맺힌 마음을 풀고 아이들을 집으로 보내려고 한다.

요즘은 아이들을 많이 안아 주는 편이다. 그렇게 하면서 아이들과 정을 쌓아 간다. 한 아이 한 아이 안아 주면서 귓속말을 한다. "오늘 내가 명훈이 너한테 화내서 미안해." 또 "영민이는 일기 좀 열심히 쓰면 좋겠다. 그렇지?" "창욱이 너 그림 그리는 실력 엄청 늘었더라. 열심히 해, 응?" "미연이 감기 다 나았어? 빨리 나아라." 아이들은 "괜찮아요." "네, 열심히 할게요." "네." 하면서 나를 꼭 안는다. 힘센 6학년 남자아이들은 나를 안아 올려 한 바퀴 휙 돌기도 한다.

이렇게 아이들을 안아 줄 때 머리를 쓰다듬어 주기도 하고, 등을 토닥여 주기도 하고, 들어 올려 슬쩍 메치기도 한다. 그렇게 해서 아이들은 섭섭했던 마음을 풀고 힘을 얻기도 하고, 위로를 받기도 한다.

또 내가 아주 중요하게 생각하는 것이 있다. 우리 반에서는 아이들 생일날 생일잔치를 해 주는데, 그때 나는 그날이 생일인 아이를 업어 준다. 교실을 한 바퀴 돌면서 업어 주고 꼭 안아 주며 "생일 축하해." 귓속말을 해 준다. 학급 동무들은 헹가래를 쳐 준다. 그러면 아이들이 얼마나 좋아하는지 말로 다 설명할 수 없다.

이렇게 안아 주는 것뿐만 아니라 여러가지 몸짓으로 사랑을 표현해 주면 아이들은 다 좋아한다. 부모는 아이가 아주 어릴 때는 안아주고, 입맞춤도 해 주고, 볼을 비비대기도 하면서 칭찬의 표현, 사랑의 표현을 많이 하지만 아이들이 자라면 몸짓으로 이런 표현을 잘 하지 않는다. 그렇지만 큰 아이들도 부모가 몸짓으로 사랑을 표현하면 아주 좋아한다. 이런 행동 속에서 아이의 몸과 마음은 아주 좋게 바뀌어 간다.

시험 치는 날

6학년 서지혜

오늘은 내가 수학 경시 시험 치는 날이다. 아침부터 깨끗이 목욕도 하고 컴퓨터용 사인펜, 연필, 지우개, 수정 펜, 연습장을 챙기고 머리도 단정하게 묶었다.

오늘은 엄마도 아침부터 일어나 분주하게 활동을 했다.

"지혜야, 니 오늘 시험 치러 가제?"

"응. 엄마, 지금 몇 시야?"

"여덟 시 십오 분이다. 시간 많이 남았네. 아홉 시까지 맞제?"

"응. 헤헤헤, 내가 너무 일찍 준비했나?"

"시간 있는 김에 밥이나 좀 든든히 무 놔라. 그래야 집중이 잘 되지."

엄마는 일부러 나와 같이 밥을 먹어 주면서,

"지혜야."

"응?"

"시험 너무 잘 칠라 카지 말고 열심히만 쳐라, 알았제?"

"응. 엄마, 내 이제 가야겠다."

"그래. 열심히 쳐라. 파이팅 한번 하자."

"히히, 파이팅!"

엄마는 웃으면서 날 꽉 끌어안아 줬다. 예전에는 그래도 안으면 포근했는데 지금은 엄마가 너무 말랐다는 걸 느꼈다.

'나 때문에 고생을 많이 해서 그렇나?'

엄마는 내 손을 꼭 잡고 협화 아파트 정문까지 마중 나와 줬다.

"지혜야, 긴장 풀고 열심히 쳐라."

"응. 내 간다, 안녕."

"그래, 잘 갔다 온나."

엄마는 내가 우방 아파트 쪽으로 내려가서 안 보일 때까지 서서 웃으며 손을 흔들어 주었다.

시험 문제가 어려웠다. 그래도 나는 엄마 말을 생각하며 열심히 풀었다. 비록 성적은 잘 나오지는 못했지만 후회는 없다. 왜냐하면 오늘은 엄마의 사랑을 많이 느낄 수 있었으니까 말이다.

'엄마, 고마워! 그리고 사랑해!'

✎ 어머니는 아이가 시험 치는 날 아침에 같이 밥도 먹고, "시험 너무 잘 칠라 카지 말고 열심히만 쳐라, 알았제?"하는 말도 해 준다. 그리고 아이를 안아 주고 손을 꼭 잡고 배웅까지 해 준다. 이렇게 안아 주면 시험 치러 가는 아이는 긴장도 풀리고, 마음도 안정되고, 용기도 한껏 살아난다. 안아 줄 때 아이는 어머니가 야위었다고 느끼며 자신을 위해 애쓰는 어머니를 생각한다. 부모의 사랑 속에서 아이의 마음도 이렇게 자란다.

우리 딸 힘내라!

6학년 김현지

학교에서 이것저것 하다 집에 오니 다섯 시에 가까웠다. 또 피아노 학원에 가려니 몸에 힘이 쭉 빠지는 게 아무 데도 가고 싶지가 않았다. 하지만 전번에 결석을 많이 했기 때문에 할 수 없이 가야 했다.

"다녀오겠습니다아."

"어, 잘 갔다 온나!"

난 은경이랑 피아노 학원에 가서 다 치고 돌아왔다. 뛰어와서 그런지 발바닥이 화끈거렸다. 문을 열고 들어와,

"다녀왔습니다!"

하고는 소파에 털썩 앉았다. 엄마는 설거지를 하다 와서,

"우리 딸 왔어?"

하며 소파에 앉았다.

"왜 이리 힘이 하나도 없노? 피곤하나?"

"아니요."

"근데 와 카노? 피곤한 거 맞제?"

나는 엄마랑 같이 그냥 빙긋이 웃기만 했다.

"자, 우리 딸 엄마가 한번 안아 줄게."

하며 엄마는 팔을 벌려 나를 안아 주었다. 그러면서 손으로 내 등을 톡톡 토닥여 주었다.

"우리 딸, 힘내라!"

"엄마, 엄마, 됐다. 숨 막힌다, 헤헤."

"그랬나? 히히히히."

엄마는 나를 놓아주고도,

"앞으로 계속 힘낼 수 있제?"

하며 내 볼에 뽀뽀를 해 주었다. 나는 엄마와 같이 씩 웃었다.

✎ 보통 학원을 한두 군데 안 다니는 아이들이 없다. 그것도 아이가 다니고 싶어 다니기보다 부모가 남들도 다 하니까, 안 하면 다른 아이들보다 처지니까 무조건 다녀야 한다고 해서 가는 아이들이

많다. 아이가 학원에 가고 싶어 하든 안 가고 싶어 하든 관계없이 부모 뜻대로 보내는 것이다.

아이들은 학교 수업을 마치고 집에 오자마자 학원으로 가야 한다. 학원 갔다 오면 저녁때가 되고, 저녁을 먹으면 숙제를 해야 한다. 그래서 아이들은 늘 피곤하다. 학원을 조금 덜 보내고 정말 아이들이 놀 수 있는 시간을 많이 만들어 주어야 한다. 이 글에서 어머니는 지친 아이를 안아 주고 입맞춤으로 사랑을 표현한다. 아이가 힘겨워할 때 안아 주면 아이는 힘이 솟아난다. 뿐만 아니라 어떤 어려움도 이겨 나갈 수 있는 용기가 생기기도 한다.

피아노 칠 때

6학년 박지숙

저녁밥을 먹고 나니 심심해서 피아노를 쳤다. 동요곡도 치고 유행하는 가요곡도 쳤다. 그런데 다 쳐 본 곡이라서 재미가 없었다.

그래서 나는 한 번도 치지 않은 《트로트 가요집》이라는 책을 펴서 쳐 보기로 했다. '네 박자' '사랑은 아무나 하나' '야간열차' 등을 치자 엄마와 아빠가 내 옆으로 와 앉았다.

내가 무슨 노래가 있나 싶어 한 장 한 장 넘기는데 아빠가,

"'소양강 처녀' 한번 쳐 봐라."

하는 것이다. 나는 이 노래를 쳤다. 아빠와 엄마는,

"해 저어무은 소오야앙가앙에에……."

하며 노래를 따라 불렀다. 이 노래가 끝나자 엄마가,

"니 잘 치네!"

하며 칭찬해 주었다. 아빠도 옆에서,

"야아! 지숙이 잘 친데이!"

하며 엉덩이를 툭 때렸다.

아빠가 내 어깨 위로 손을 얹었다. 엄마도 내 다른 한쪽 어깨에 손을 얹었다. 나는 계속 피아노를 쳤다. 엄마와 아빠는 몸을 오른쪽 왼쪽으로 흔들며 노래를 불렀다. 갑자기 아빠가 팔로 내 목을 꽉 조였다.

"니 와 자주 안 치노?"

"아아, 아프다!"

엄마는 옆에서 내 옆구리를 간지럽혔다. 이번에는 아빠가 팔을 벌려 나를 꽉 안았다. 나는 많이 아프지는 않았지만 장난으로 "아아!" 소리를 쳤다.

아빠가 안았던 팔을 풀어 주자 엄마가 다리에 날 눕혀 얼굴로 내 등을 눌렀다.

"니 앞으로 많이 칠래, 안 칠래?"

하며 간지럽혔다. 엄마가 날 일으켜 주자 아빠가 또 팔로 나를 꽉 안았다. 아빠가 팔로 조이고 나면 엄마가 또 간질이고 해서 배꼽이 빠질 것같이 웃음도 나오고 배도 아팠다.

나는 아빠, 엄마와 피아노 치면서 너무 행복했다. 그래서 자주 피아노를 쳐야겠다고 생각했다.

✏️ 아이가 '소양강 처녀'를 피아노로 치고, 엄마와 아빠는 신나게 몸을 흔들며 노래를 부른다. 행복한 모습이다. 노래를 다 부르고 나자 엄마, 아빠는 아이를 간질이며 은근히 피아노를 많이 치라고 당부한다. 그러자 아이는 자주 피아노를 쳐야겠다고 생각한다.

무섭게 혼내면서 피아노 연습하라고 하는 것보다 얼마나 좋은가?
아이들은 이렇게 부모가 다정한 몸짓으로 사랑을 표현하면 아주 좋
아한다.

따뜻한 엄마 품

6학년 오소운

현지가 견학 갈 때 자기 엄마의 핸드폰을 가지고 간다고 나보고도
가지고 오라는 것이었다. 그래서 나는 집에 오자마자 떠들어 댔다.

"엄마, 엄마, 아빠 아침 일찍 일 나가나?"

"어. 그런데 그건 왜, 소운아?"

"아니, 핸드폰 빌리려고. 견학 갈 때 가져갈까 싶어서."

"안 되지. 절대 안 되지."

"엄마아아, 제발!"

"안 된다고 했다!"

휴대폰을 사 달라고 한 것도 아니고 하루만 빌려 달라고 한 건데
너무 무심하게 대답해서 눈물이 찔끔 났다. 나는 눈물 흘리는 모습
을 엄마에게 보이지 않으려고 숙제 하는 체하며 고개를 들지 않았
다. 숙제 하면서도 핸드폰 생각이 나고 눈물이 자꾸 났다. 그런데
숙제 하다 보니 자가 필요했다. 자를 가지고 오려면 엄마의 얼굴을
봐야 되고……

나는 한쪽 손으로 눈물을 닦고 자를 가지러 갔다. 그런데 엄마는
내가 눈물 흘린 것을 알아챈 것 같았다.

"소운아, 이리로 와 봐라."

"왜? 숙제 해야 된다!"

"글쎄, 이리로 와 보라니까."

나는 엄마에게 갔다. 그런데 엄마가 나를 안아 주었다. 그러고는 말을 했다.

"소운아, 휴대폰 꼭 가지고 가야 돼? 친구가 자져간다고 너도 꼭 가져가야 하는 건 아니지? 잘 생각해 보고 그래도 정 가져가고 싶으면 아빠에게 말을 꺼내 보겠지만, 아빠가 안 된다고 하면 더 이상 떼쓰지 않고 포기하는 거다? 알았지? 눈물 흘리지 말고."

엄마는 내 눈물을 닦아 주고 다시 안아 주었다. 나는 엄마가 안아 주며 차분하게 설득을 해서 아빠가 안 된다고 하면 그대로 포기를 해야겠다고 마음속으로 다짐을 하고 또 다짐을 했다.

오늘만큼 따뜻한 엄마 품은 처음인 것 같다.

✎ 아이가 휴대폰 빌려 주면 안 되느냐고 했을 때 어머니는 "안 된다고 했다!" 하고 또렷이 거절했다. 안 되는 것은 안 된다고 이렇게 또렷이 거절해야 한다.

그런데 이렇게 아이 부탁을 거절했을 때는 마무리를 잘해야 한다. 이 어머니는 아이가 자존심 상하지 않게 아이의 잘못된 생각을 깨우쳐 주고 있다. 아이는 어머니가 따뜻하게 안아 주며 위로해 주었기 때문에 어머니의 말을 받아들이고 마음을 푼다.

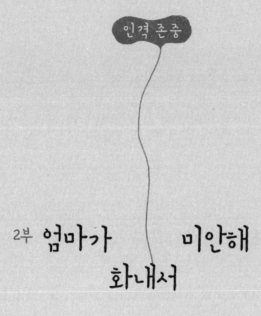

인격 존중

2부 엄마가 미안해 화내서

5 아이의 요구, 들어줄 때와 거절할 때

요즘은 사는 형편이 어렵다 해도 특별히 어려운 경우가 아니면 부모들이 아이들의 기본 요구는 다 들어주는 편이다. 아니, 말 안 해도 지나칠 만큼 부모가 다 알아서 해 준다. 그러나 돈과 관련이 별로 없는 요구, 이를테면 놀고 싶다거나, 동무들과 어디 갔다 오겠다거나, 제 마음대로 옷을 골라 입겠다거나 하는 요구들 때문에 부모와 아이 사이에 갈등이 자주 일어난다.

갈등은 주로 아이가 옳지 않은 것을 요구하거나, 부모가 바라지 않는 것을 요구하기 때문에 일어난다. 부모가 아이의 요구를 거절하면 어떤 아이는 자신이 지나친 요구를 했다는 것을 알기 때문에 반감을 품지 않지만, 어떤 아이는 부모가 자기를 사랑하지 않기 때문에 그런다고까지 생각하기도 한다.

아이가 필요한 것을 요구할 때는 되도록 들어주는 게 좋다. 아이들은 나름대로 욕구불만이 있을 때 무언가를 요구하기 때문이다. 이 욕구불만이 채워지지 않으면 여러 가지 문제를 일으킬 수 있다. 아이들은 부모가 요구를 들어주면 아주 기뻐한다. 또 그만큼 마음도 넉넉해진다. 나아가 어려운 것을 요구했는데도 받아 주면 그만큼 부모가 자신을 더 사랑하고 있다고 생각하기도 한다.

부모 가운데 한 사람이 반대하는데 다른 한 사람이 아이의 요구를 들어주면 문제가 생긴다. 이럴 때 아이들은 자신의 요구를 들어주지 않은 어머니나 아버지를 믿지 않거나 업신여길 수도 있다. 아주 어린 아이일 경우에는 어느 쪽을 믿어야 할지 몰라 혼란스러워한다.

　들어줄 수 없는 것을 아이가 요구할 때는 "안 돼." 하고 잘라 거절할 수 있어야 한다. 부모는 보통 자식과 다투지 않고 서로 믿음을 이어 가기 위해 또렷하게 거절하지 않고 다음에 들어주겠다거나 하면서 그냥 슬쩍 얼버무리는 경우가 많다. 그러나 이렇게 하면 아이는 자기가 요구한 것이 옳은지 아닌지 스스로 판단할 수 없다. 아이와 대립하는 일이 있다 하더라도 "안 돼." 하고 딱 잘라 거절한 뒤에 거절하는 까닭을 알아들을 수 있게 말해 주어야 한다.

오늘 학원 쉬어라

6학년 김현지

학교 가는데 비가 주룩주룩 왔다. 옷도 다 버리고 발로 물웅덩이를 '철벙' 밟는 바람에 양말도 다 젖었다. 그리고 차들이 물웅덩이를 지나는 바람에 물이 튀어 옷은 더 버렸다.

'아이 씨이, 오늘이 재수 없는 날인가? 빨리 교실에 들어가야겠다.'

교실에 들어가 창문을 보니 날씨가 칙칙한 게 기분이 안 좋았다. 아마 옷을 버려서 더 그런 것 같았다.

그런데 그때부터 머리가 띵하게 아파 오기 시작했다. 오늘은 그만 컴퓨터 학원도 피아노 학원도 아무 데도 가지 않고 그냥 집에 가서 싹 씻고 푹 잤으면, 하는 생각뿐이었다.

'엄마한테 전화해서 학원 하루만 쉬게 해 달라고 말해 볼까?'

안될 것 같다는 생각도 들었지만 머리도 너무 아프고 속도 울렁거려 쓰러질 것만 같았다.

수업할 때는 억지로 참으며 그럭저럭 지냈다.

수업을 마치고 나니 긴장된 마음이 풀려서 그런지 다시 더 아픈 것 같았다. 난 수업을 마치자마자 1층 중앙 현관으로 내려가 공중전화로 우리 집 번호를 눌렀다. 엄마가 전화를 받았다.

"여보세요? 현지가?"

"응, 엄마."

"와? 엄마한테 할 말 있나?"

"응, 있잖아아……."

"뜸 들이지 말고 얼른 말해라, 엄마 바쁘다."

"내 오늘 비 때문에 옷도 다 젖었고 머리도 너무 아프거든."

"그래서? 학원 하루 쉬게 해 달라고?"

엄마는 내가 말 안 해도 속마음을 다 읽은 듯 다 알고 있었다.

"응, 머리 아파 죽겠단 말이야."

"니 그렇게 결석 마이 해 가지고 우얄라꼬?"

엄마가 그렇게 말하니까 갑자기 힘이 쭉 빠지고, 쉬는 걸 아예 포기했다.

"알았어요. 그냥 학원 갈게요."

내 요구를 너무나 안 들어주는 엄마가 미웠다.

힘없이 수화기를 놓으려고 할 때다.

"현지야! 현지야!"

엄마가 다시 나를 불렀다. 그래서 다시 수화기를 다잡았다.

"왜?"

"니 마이 피곤하나?"

"뭐어, 그럭저럭……."

엄마가 내 요구를 들어줄 듯 말이라도 했으면 많이 피곤하다고 했을 텐데 안 된다고 할 것 같아 별로 안 아픈 것처럼 말했다.

"그래, 기분이다. 오늘 학원 쉬어라. 그렇게 몸이 안 좋은데 엄마가 그것도 몰라주겠니."

"진짜? 정말? 엄마, 고마워!"

엄마가 웃으면서 말하니까 기분이 좋아지고 저절로 웃음이 나왔다.

"그래. 학교 수업 끝나고 얼른 와라. 엄마가 떡볶이 해 줄게."

내가 무조건 졸라서 미안하기도 하고, 내 요구 잘 들어주고 내 마음 알아주는 엄마가 너무 고맙다. 엄마, 사랑해요!

✎ 자기표현을 잘 하지 않는 속 깊은 아이다. 이런 아이일수록 마음 헤아리기가 어렵다. 그러나 부모라면 헤아릴 줄 알아야 한다. 이런 성격의 아이는 "안 돼!" 하고 강하게 거절하면 겉으로는 받아들이지만 속으로는 더 큰 상처를 입을 수도 있고, 반감이 더 생길 수도 있다. 이런 아이는 아주 그릇된 요구는 잘 하지 않기 때문에 조그만 표현이라도 하면 무엇 때문에 그러는지 얼른 알아차리고 요구하는 대로 들어주는 것이 좋다. 더 나아가 아이가 겉으로 어떤 요구를 하지 않더라도 부모가 아이의 마음을 먼저 읽고 그 요구를 들어주면 더 크게 감동한다는 것도 잊지 말자.

이 어머니는 아이의 마음을 헤아려 요구를 들어주고 떡볶이까지 해 주겠다고 했다. 그러니 아이가 감동할 수밖에 없다. 아이는 "내가 무조건 졸라서 미안하기도 하고, 내 요구 잘 들어주고 내 마음 알아주는 엄마가 너무 고맙다. 엄마, 사랑해요!" 이렇게 말하고 있다. 이런 아이의 경우, 가끔은 요구한 것보다 넘치게 들어주는 것도 좋다.

다음 주부터 그만두자

5학년 최혜진

나는 수학 학원과 영어 학원을 다닌다. 겨우 두 군데밖에 다니지 않는데도 힘이 든다. 일주일에 쉬는 날이라곤 월, 토, 일요일밖에 없기 때문이다.

처음에는 재미있고 쉬워서 좋았다. 하지만 시간이 흐르고 모르는 문제가 나와서 힘이 드니까 울 것만 같았다. 그리고 스트레스도 쌓이고 공부도 더 하기 싫어졌다. 그래서 놀기만 했다. 수학은 내가 좋아하는 과목이기 때문에 문제 푸는 것은 조금 재미있었다. 하지만 영어는 달랐다. 영어를 할 때면 긴장이 돼서 발음도 이상하게 되고 영어 단어도 몇 개씩 틀린다. 또 문제가 어려워서 이해를 못한다. 그리고 왜인지 모르겠는데 영어 선생님이 무섭다. 소리도 지른 적 없고 혼낸 적도 없는데 왜 무서운지 모르겠다.

한 날, 영어 수업이 끝나고 엄마에게 짜증을 냈다.

"엄마, 영어 하기 싫다."

엄마는 내 말을 듣고는 나를 째려보았다. 나는 엄마의 기에 눌려 조용히 내 방으로 들어왔다. 하지만 하기 싫은 마음은 한결같았다. 항상 영어 공부가 끝나면 엄마에게 가 짜증을 냈다.

"엄마, 내 영어 하기 싫단 말이야! 그까짓 영어 못하면 어떤데?"

"요즘은 영어 못하면 바보 취급 받는다. 아나?"

엄마의 말에 잠시 움찔했다.

"그래도, 언니야도 영어 하기 싫어하잖아."

나는 끝까지 내 의견을 엄마에게 말했다. 엄마는 내 말을 듣고는 큰방으로 들어가 버렸다. 며칠이 지났다.

"엄마, 내 영어 안 하면 안 되나?"

나는 자꾸만 말을 했다. 엄마는 잠시 생각하더니 나한테 말했다.

"영어 안 하는 대신에 수학은 해야 된다. 알겠제?"

엄마의 표정은 무뚝뚝했다.

"알았다. 근데 언제부터 안 해?"

나는 기대에 찬 목소리로 물어보았다.

"다음 주부터 그만두자."

엄마는 방긋 웃었다. 나도 덩달아 웃었다.

엄마는 나 때문에 영어를 그만두게 했을까? 아니면 무슨 일이 있었을까? 아무튼 나의 요구를 들어준 엄마가 고맙다. 엄마와의 약속인 수학 공부 열심히 하겠다고 약속한 것은 꼭 지키겠다.

✎ 요즘 아이들을 보면 보통 세 군데 이상 학원에 다닌다. 큰 도시에서는 그보다 더 하겠지. 부모들은 아이의 장래를 위해 그렇게 한다고 하지만 따지고 들어가면 부모의 불안한 마음이나 욕구를 채우려는 마음이 더 크게 작용하고 있다. 그래서 학원을 한 군데 두 군데 늘리다 보니 아이가 다녀야 하는 학원 수가 자꾸 늘어난다.

아이들이 억지로 학원에 다니면 생각만큼 실력도 나아지지 않는다. 피아노 학원에 보내려면 먼저 늘 아이에게 음악을 들려주며 음악과 친해지도록 해야 한다. 그래서 아이가 음악을 좋아하게 되고 피아노도 배우고 싶다는 말을 스스로 꺼내도록 해야 한다. 그때 피아노 학원에 보내면 된다. 그래야만 아이도 스스로 열심히 배운다. 또 그렇게 학원에 다니기 시작했다 하더라도 때로는 다니기 싫어할 때도 있다. 너무 강제로 학원에 다니도록 하기보다는 즐겁게 다닐 수 있도록 먼저 설득시키는 게 좋다.

학원을 조금 보내라고 말하면 "당신은 그렇게 할 수 있어?" 이렇게 되물을 부모들이 많을 줄 안다. 지금 우리나라 형편으로 보면 자신 있게 그렇게 할 수 있다고 대답하기가 쉽지 않다. 그만큼 그렇게 하지 않으면 안 되게 사회가 굴러가고 있기 때문이다. 그러나 아이들을 자꾸 학원으로만 내몰았을 때, 잃는 것도 많다는 것을 좀 더 깨달았으면 좋겠다.

아마 대부분 부모들은 아이가 학원에 안 다니려고 하면 깜짝 놀라며 단번에 "안 돼!" 하며 거절할 것이다. 하지만 아이가 아주 다니기 싫어하면 억지로 다니게 하지 말고 쉬게 해 주자. 아이들도 어른 못지않게 힘겹고 스트레스도 많이 받고 있다.

니 마음대로 해라

6학년 임동훈

부연이 집에 부연이와 나, 만재가 있었다. 오늘 만재 집에서 자고 싶었다. 나는 엄마한테 전화를 했다.

"엄마, 내 만재네 집에서 자면 안 되나?"

"몰라. 아빠한테 한번 물어봐라."

나는 그렇게 해서 다시 아빠한테 전화를 했다.

"아빠, 오늘 만재네 집에서 자면 안 돼요? 제발!"

"안 돼!"

나는 안 된다고 한 말에 참 서운했다. 그래서 그냥 부연이 집에 있었다. 그런데 전화가 왔다. 전화번호가 떴다. 우리 아빠의 휴대폰 전화번호였다.

"아빠, 왜요?"

"니 지금 어딘데?"

"부연이 집인데요."

"엄마한테 전화번호 가르쳐 주고 만재 집에서 자라."

"예, 아빠!"

전화를 끊었다.

"야! 우리 아빠가 너희 집에서 자도 된대."

"진짜?"

"어!"

난 그렇게 하여 다시 엄마한테 전화를 했다.

"엄마, 아빠가 만재네 집 전화번호 가르쳐 주고 자도 된대. 만재야, 너희 집 전화번호 뭔데?"

"814-1979"

"엄마, 814-1979란다."

"그래. 니 하고 싶은 것 니 마음대로 해라."

나는 뛸 듯이 기뻤다.

✎ 이렇게 색다른 경험을 하겠다고 할 때는 무조건 막기만 하지 말고 주의할 점을 일러 주며 잘해 보라고 격려해 주는 것이 좋다. 보통 부모들은 조금만 위험해도 무조건 막기만 하는데, 그럴 경우 아이들은 더 위험한 일에 대처할 수 있는 능력을 잃고 만다.

떡볶이 만들어 주는 엄마

6학년 박채연

8월 첫째 주에 엄마랑 같이 부산에 있는 할머니 댁에 갔다. 무더운 날 밤 사촌 난영이 언니와 미은이랑 잠이 오지 않아 열한 시쯤 엄마에게 부탁을 했다.

"엄마, 있잖아……."

"왜?"

"그게 저어……."

"퍼뜩 말해 봐라, 뜸 들이지 말고."

"떡볶이 만들어 줘, 엄마."

"야가 무슨 소리 하노!"

"떡볶이 만들어 줘. 떡볶이 먹고 싶어 미치겠다."

"이 밤중에 무슨 떡볶이 타령이냐?"

"더워서 잠은 안 오고 배가 출출하다. 엄마 떡볶이가 제일 맛있단 말이야."

"빨리 자야지. 얼른 자라! 여기 거실에서 자면 하나도 안 덥다."

엄마는 할머니께,

"어무이, 쓰레기 버리러 밑에 내려갔다 올게예."

하고 밑에 내려갔다.

나는 떡볶이를 해 주지 않는 엄마가 밉기만 했다. 난영이 언니와 미은이랑 나란히 누워서 텔레비전을 보고 있었다. 그래도 엄마가 오지 않는 것이다. 나는 엄마가 미웠지만 걱정이 되어 전화를 하려고 하는데 들어왔다. 나는 모른 척하고 언니와 미은이랑 거실 문을 닫고 텔레비전을 보고 있는데 부엌에서 맛있는 냄새가 났다.

나는 엄마 모르게 부엌문을 살짝 열고 빼꼼히 들여다보았다. 엄마는 뜨거운 불 앞에서 선풍기를 틀어 놓고 땀을 흘리며 떡볶이를 만들고 있었다. 나는 엄마에게 미안해졌다. 엄마는 밤중에 재료를 사 온 것이다. 엄마가 꼭 안 해 줄 것처럼 말했는데…….

엄마는 떡볶이를 먹고 있는 우리를 바라보며 웃기만 했다. 나는 엄마에게 미안해서 포크에 떡볶이를 푹 찍어 주었다.

"엄마, 이거 하나 무 봐라."

"됐다. 엄마는 안 먹을란다."

"맛있다, 엄마가 만들어 준 떡볶이. 엄마도 엄마가 만든 떡볶이 맛 함 봐라."

하고 입에 쏙 넣어 줬다.

떡볶이를 먹고 싶어 하는 내 간절한 마음이 엄마에게 전해진 것일까? 엄마에게 미안하고 정말 고마웠다. 많이 덥고 힘들었을 텐데 말이다. 엄마는 나를 사랑해서 그런 걸까? 아마도 나를 가장 사랑해서 그런 거겠지.

✎ 더운데, 그것도 밤중에 떡볶이를 해 달라니 참으로 귀찮은 일이다. 아이도 그게 귀찮고 미안한 일인 줄 알고 있다. 그래서 그 요구를 들어주는 어머니가 더욱 고맙다. 어머니가 자신을 사랑하지 않으면 그렇게 해 줄 수 없다는 것도 알고 있다.

보통 아이가 무엇을 먹고 싶다고 해도 부모는 돈이 없거나 귀찮아서, 아이 몸에 해롭거나 살이 너무 찔까 봐 해 주지 않을 때가 있다. 돈이 없어서 요구를 못 들어주는 것이야 어쩔 수 없는 일이다. 하지만 귀찮다고 거절하지는 않았으면 싶다. 거절하면 밖에 나가서 다른 음식을 사 먹는다. 아주 조금이기는 하겠지만 불만의 싹도 틀 수 있다. 어머니 손으로 만들어 주는 음식에는 사랑이 담겨 있기 때문에 음식보다 귀중한 그 무엇이 들어 있다. 그래서 아이는 몸도 마음도 건강하게 자랄 수 있다.

문제는 몸에 좋지 않은 먹을거리를 요구하거나 살이 너무 찐 아이가 자꾸만 먹을 것을 찾는 것이다. 이럴 때는 아이의 마음이 상하지 않게 그 요구를 다른 좋은 쪽으로 바꾸어 주는 것이 좋다. 좋지 않은 먹을거리를 자꾸만 사 달라고 할 때는 그것을 대신할 수 있는 먹을거리를 만들어 주어야 한다. 살이 너무 찐 아이에게는, 말을 이해할 수 있는 아이일 경우 음식을 줄여야 하는 까닭을 알아듣기 쉽게 이야기하면서 설득하고, 아직 이해력이 모자라는 아주 어린 아이일 경우에는 건강에 문제가 없는 다른 음식을 만들어 주든지 해야 한다.

아이들의 요구는 이 밖에도 많다. 먹을 것이 집에 가득 있는데도 다른 먹을 것을 사 달라거나, 정도에 넘치게 비싼 장난감을 사 달라거나, 옷이 많이 있는데도 자꾸 옷을 사 달라고 하거나, 머리카락을 염색해 달라거나, 귀걸이, 목걸이를 사 달라거나……. 요구는 끝이 없다. 다시 말하지만 들어주어야 할 요구는 들어주고 거절해야 할 요구는 거절해야 한다. 아이가 요구하는 게 더 커지면 욕구를 다 채울 수 없는 경우도 있다는 것을 깨닫도록 해 주어야 하고, 모자람이 가득 찬 것보다 더 좋을 수도 있다는 것을 깨달을 수 있도록 해 주어야 한다.

6 아이에게도 인격이 있다

우리가 살아가는 곳을 돌아보면 대부분 어른 중심으로 틀이 짜여 있다. 아이를 위해 해 놓은 것들은 아주 적다. 집에 있는 물건들만 보아도 그렇다. 부엌의 싱크대나 화장실의 세면대나 변기처럼 생활에 아주 기본이 되는 것도 크기나 높이가 어른에게만 맞추어져 있다. 집안 행사도 어른을 위한 것이 훨씬 더 많다. 그러니 사회에서는 오죽할까.

그래서 그런지 어른들은 아이들의 행동이나 생각도 어른의 기준에 맞춘다. 그 기준에 안 맞고 조금 거슬리면 나쁜 것으로 생각할 때가 많다. 이렇게 기본부터 아이들의 인권은 몹시 짓밟혀 있다.

이런 문제를 고치려 해도 쉽지 않다. 아이들은 아주 빨리 자라기 때문이다. 아이의 어느 한 단계에 맞추려고 하다 보면 아이는 어느새 다음 단계로 성큼 자라 있다. 어쩌면 아이들의 인권을 완전하게 보장해 주는 것은 어렵다고 보는 것이 맞겠다. 하지만 어렵다고 무조건 어른의 기준에 맞추려고 해서는 안 된다. 그러면 아이들의 인권은 더욱 짓밟힌다.

모든 사람이 다 그렇듯 우리 아이들도 자신의 몸과 사상에 대해 자신만이 가져야 할 권리가 있다. 그런데 어른들은 그것을 잘 생각하지 못한다. 그러나 아무리 내 자식이라도 마음대로 할 수는 없다는 것을 알아야 한다. 아이를 위한다는 핑계로 아이들의 인권을 짓밟는 부모들의 속을 들여다보면 대부분 부모 자신이 편안해지기 위해, 부모 자신이 만족하기 위해 그렇게 하는 경우가 많다. 아무리 아니라고 해도 부정할 수 없다.

아이들은 인권이나 인격이 무엇인지 그것을 어떻게 지키고 누리는지 잘 모르기 때문에 어른들이 지켜 주고 누릴 수 있게 해 주어야 한다. 아이들의 인격을 존중해 주어야 아이들도 스스로 자존의 힘을 길러 간다.

내 물건 소중히

6학년 이수지

얼마 전, 식구들 모두 같이 집 대청소를 했다. 나는 청소를 하다 엄마 심부름을 하러 갔다. 집에 돌아올 때 갑자기 불안한 마음이 들었다. 왜냐하면 엄마가 편지를 버릴까 봐서이다. 나는 지금까지 친구들로부터 받은 편지를 조그마한 가방에 모두 넣어 간직한다. 그런데 엄마는 대청소할 때마다 늘 나에게 하는 말이 편지 버리라는 것이다.

"수지야, 이 편지 좀 버려라. 너무 구질구질하다."

"아, 됐다. 버리지 마라. 이거 내한테 추억이고 소중한 거란 말이야."

"그러면 중요한 거만 놔두고 필요 없는 거는 버려라."

"안 된다. 내한테는 다 소중하다."

그래서 혹시라도 내가 없을 때 엄마가 몰래 편지를 버릴까 봐 불안하다. 나는 너무 불안해서 빨리 집으로 달려왔다. 그러니 엄마가,

"어? 벌써 왔나?"

하며 놀라워했다. 나는 빨리 조그마한 가방을 찾아보았다. 그런데 엄마가 버렸는지 보이지 않았다.

"엄마, 내 가방은?"

"무슨 가방? 가방 저기 있네."

"아니. 책가방 말고 조그마한 가방 있잖아."

"모르겠다."

나는 계속 가방을 찾아보았다. 그런데 가방은 좀처럼 보이지 않았다. 그런데 엄마가,

"혹시 그 편지 있는 가방?"

하고 말했다.

"어, 그래."

"그거 아까 엄마가 버렸는데?"

"아, 왜 버리는데! 내가 버리지 말라고 했잖아!"

"그게 그래 소중하나?"

"어, 당연하지. 내 친구들 정성이 있는데. 근데 엄마, 그 가방 어디 버렸는데?"

"사실 안 버렸다. 내가 버리면 니 또 엄마한테 뭐라 하잖아. 엄마도 그 편지 니한테 소중한지 안다."

"어떻게 알어?"

"척 보면 알지. 엄마는 니 마음 다 알 수 있다, 하하하."

"장난치지 말고!"

"엄마도 어렸을 때 니처럼 친구들이 준 편지 소중하게 잘 간직했거든. 그래서 니가 소중히 여기는 줄 알고 편지 다른 데 챙겨 놨지."

엄마는 내가 편지를 소중히 여긴다는 것을 알고 버리지 않고 잘 챙겨 놓았다. 나는 엄마가 너무 고마웠다.

✏ 어른들에게는 쓸데없어 보이는 것이 아이에게는 아주 귀중한 것일 수 있다.

우리 어릴 때도 구슬이나 딱지 같은 놀잇감들을 무슨 보물이라도 되는 듯 상자에 담아서 고이 보관해 두었다. 어머니가 모르고 그것을 버리면 속상해서 울기도 했다. 어른들은 그런 물건이 쓸데없는 것으로 보이겠지만 아이들 삶에서는 중요한 부분을 차지하는 아주 귀중한 물건이다.

이 어머니는 아이의 그 마음을 소중히 여기고 편지 가방을 챙겨 놓는다. 아이는 그런 엄마가 너무 고마웠다고 한다. 자기 인격을 존중받았다는 느낌이 든 것이다. 이런 일이 아이에게는 작지만 큰 감동으로 다가간다.

생각주머니

6학년 김동민

얼마 전에 내가 생각주머니를 잠바 안주머니에 넣어 놓았는데 엄마가 세탁기에 넣어 돌린 적이 있다.

나는 엄마에게 화를 내며 눈물을 흘렸다.

"엄마! 그 잠바 빨아 버리면 어떡해! 나 그거 얼마나 정성 들여서 한 숙젠데!"

하고 소리쳤다. 그런데 엄마는 웃으며,

"아, 그러니?"

하며 별거 아닌 것처럼 말했다. 나는 더욱 화가 났다.

"엄마는, 내가 그거 한다고 얼마나 힘들었는데!"

내가 소리치자 엄마는,

"혹시 그 '생각주머니'라는 거 불펜이랑 수첩 아니가? 그리고 뭐 이상한 거 씌어져 있고……."

하고 말했다. 나는 고개를 끄덕였다. 내가,

"그건 왜요?"

하니까 엄마는 내 생각주머니를 주었다.

생각주머니를 열어 보았다. 그런데 보니 내가 썼던 생각주머니랑 많이 달랐다. 볼펜도 검은색이었는데 파란색이다. 그리고 생각주머니의 모양도 많이 달랐다. 그래도 혹시나 싶어서 뒷장을 넘겨 보았다. 그런데 그 속에는 엄마의 편지가 적혀 있었다. 나는 그것을 못 본 척했다. 그리고,

"엄마, 나 배가 아파서 그러니깐 화장실 좀 갈게요. 좀 있다가 금방 나올 테니까 좀 기다려 주세요."

하고는 화장실로 달려갔다. 그리고 그 내용을 한 글자 한 글자 읽어 보았다.

"동민아, 엄마가 미안하구나. 엄마가 숙제를 다시 잘해 놓았다. 앞으로 빨래할 때는 안주머니도 잘 보고 할게."

하고 쓰여 있었다.

내 눈에서는 눈물이 마구 나왔다. 왜냐하면 엄마가 나를 생각해 애서서 숙제를 했다는 것 때문이다. 나는 엄마에게 갔다.

"엄마."

엄마는 텔레비전을 보다가 나의 얼굴을 보고 웃었다. 나는 머뭇머뭇했다. 그러니까 엄마가,

"왜?"

하며 눈을 동그랗게 해서 물었다.

"나 한 번만 엄마 꼭 안아 봐도 돼? 그리고 한 번 많이 울어도 엄마 아무 상관 않고 그냥 있을 수 있어?"

"동민아, 그건 왜?"

"그냥. 너무 슬픈 기억이 있는데 다시 떠올라서."

"알았다."

나는 엄마를 꼭 끌어안았다. 그러니 엄마가,

"야가 야가, 왜 그러는데."

하며 내 머리를 쓰다듬어 주었다. 나는 그때 눈물이 막 쏟아졌다. 엄마는 왜 우냐고 더 묻지도 않고 꼭 안아 주었다.

생각주머니를 보니 엄마와 내가 한 것은 엄청 달랐다. 그래도 나는 엄마가 한 것을 그대로 두었다. 자꾸만 엄마한테 미안한 생각이 든다.

✏️ 나는 아이들에게 '생각주머니'를 만들게 하고 좋은 생각이 날 때마다 그곳에 쓰게 한다. 그것은 글을 쓸 때 좋은 글감이 된다. 이 '생각주머니'를 어머니가 별것 아닌 것으로 생각했다면 어머니는 아이에게 미안하다는 말을 안 했을 것이다. 어머니가 망가진 '생각주머니'를 새로 해 놓고 "동민아, 엄마가 미안하구나. 엄마가 숙제를 다시 잘해 놓았다. 앞으로 빨래할 때는 안주머니도 잘 보고 할게." 하고 말한 것은 아이의 물건을 아주 귀중하게 생각하며, 그만큼 아이의 인격을 존중한다는 뜻이다. 아이는 눈물이 펑펑 쏟아질 만큼 감동받는다.

나는 아이들에게 자기 작품이나 자기 물건을 아주 소중하게 생각하도록 한다. 그 가운데서도 자기 작품을 함부로 아무 데나 버려서 다른 사람들이 짓밟도록 하거나 쓰레기통에 함부로 버리면 아주 많이 야단을 치기도 한다. 자기 자신이 자기 작품을 업신여기는데 어떻게 남이 자기 작품을 귀하게 여기겠나, 하는 마음에서다. 자기 물건을 자기가 소중하게 생각하지 않는 것은 자기를 존중하지 않는 것과 같다. 자기가 자신을 존중하지 않는데 어떻게 다른 사람이 남의 물건을 귀중하게 생각해 주며, 인격을 존중해 줄 수 있을까.

책가방

6학년 노현주

나는 내 책가방을 엄마나 아빠나 언니, 심지어는 동생까지도 함부로 보지 못하게 한다. 내 가방 속을 보려면 내 허락을 받고 보거나 아니면 가방 빨 때에나 볼 수 있다. 가방 속을 안 보여 주는 까닭은 바로 책가방 속에는 여러 가지 숙제물들이 들어 있기 때문이다. 특히 숙제물 중에는 내가 쓴 글이 많고, 생활 그림 때문이다. 식구들이 이런 것들을 보면 부끄럽고 창피하다. 내 책가방 안에는 일기장도 들어 있어서 더욱 보여 주기 싫다.

엄마는 내가 일기를 쓰고 있으면 가끔 보여 달라고 한다.

"현주야, 니 뭐 하고 있는데?"

"일기 쓴다."

"엄마도 함 보자."

"싫다. 그리고 덜 썼다."

"니 지금 비밀 일기 쓰나? 엄마도 못 보여 주게? 응?"

내가 보여 주기 싫다고 거절하면 엄마는 연애, 비밀 일기 쓰냐며 물어본다. 그러면 나는 연애, 비밀 일기가 아니라는 것을 알려 주기 위해 할 수 없이 일기장을 내주기도 한다. 그래서 나는 될 수 있는 대로 엄마가 없을 때 숙제를 하곤 한다.

엄마는 날마다 바쁘기 때문에 저녁에 와서 청소를 한다. 그때 내 책가방이 거실에 있는데도 나 몰래 내 일기장을 보지 않는다. 나는 그게 궁금해서 엄마한테 물어보았다.

"엄마, 왜 책가방 뒤지지 않는데?"

"그런 것 함부로 보면 안 되는 거잖아. 프라이버시를 지켜 주어야 한다는 말도 있잖아. 그런 것은 지켜 줘야지. 안 그래?"

"하긴 그렇다. 내가 엄마 전화할 때 일부러 자리 피해 주는 것처럼?"

"그래. 그런 거다. 엄마도 니가 말한 것처럼 그런 뜻이다."

"아, 이제야 알겠다. 우와, 엄마는 완전히 내 인격을 존중해 주는 거네?"

"그렇다."

엄마가 이렇게까지 나한테 프라이버시를 지켜 주니까 안심이 되고, 엄마한테 더욱 믿음이 갔다. 그리고 고맙다.

"엄마, 앞으로도 내 책가방 안에 보지 마라. 알겠제?"

"알겠다. 엄마가 그렇게 인정머리 없는 줄 아나?"

"하긴."

나는 엄마와 다시 약속을 했다. 엄마는 내 책가방을 들여다보지 않는 것이고 나는 엄마가 없는 동안 방을 어지르지도 않고 엄마가 심각한 전화를 할 때는 내가 알아서 자리를 피해 주는 것이다. 엄마랑 새끼손가락으로 약속하고 복사, 코팅까지도 했다.

✎ 한 식구라도 이렇게 자신만이 이용할 수 있는 생활 공간이나 생각 공간이 필요하다. 자신만 이용할 수 있는 공간이 있으면 자신을 스스로 돌아볼 수 있는 기회도 만들 수 있다. 부모 마음도 이해할 수 있는 여유도 생긴다. 또 마음도 쉴 수 있다. 그 공간을 서로 인정해 주고 존중해 줄 때 오히려 더욱 가까운 사이가 된다. 늘 감

시 카메라가 내 뒤를 따라다닌다면 얼마나 숨 막히겠나. 그래서 자꾸만 그 감시 카메라 밖으로 벗어나고자 온 힘을 거기에다 쏟아야 한다면 정말 불행한 일이다.

이 글에서 보면 어머니가 아이의 개인 생활 공간을 지켜 주니까 아이도 어머니의 생활 공간을 지켜 주려고 노력한다. 그 모습이 보기 좋다.

이사

6학년 김미연

우리는 또 이사를 가게 되었다. 그런데 그 집은 청소가 잘 되어 있지 않아 정말 엉망이었다. 그래서 할 일이 너무 많았다. 날씨가 너무 추워 유리문 썬팅 해 놓은 것을 뜯는데 너무 어려웠다.

우리 집에서 이사하는 곳은 오 분도 걸리지 않는 거리다. 그래서 나는 숙제를 다 하고 엄마 아빠가 청소하고 있는 곳으로 가 보았다. 그리고 도와주려고 하니까 아빠가,

"미연아, 이거 진짜 힘든데이."

하고 말했다.

"개안타. 그냥 해 볼래."

나는 당연히 안 될 줄 알고 한 번 더 물어보았다. 그랬더니 다행히 허락을 해 주어서 나도 같이 떼 내었다.

썬팅을 힘들게 다 떼고 이제 벽지를 붙였다. 그런데 풀이 없었다.

"엄마, 내가 갔다가 오까?"

"미연이 니가? 그럼 니 맘대로 해라. 그거 그냥 풀 말고 알지?"

나는 자전거를 타고 빨리 사 가지고 왔다. 이번에는 모자라는 벽

지 좀 사다 달라고 했다. 나에게 그 일을 시켜 주어 고마웠다. 하여튼 또 사 왔다.

"아이구 우리 미연이 때문에 빨리 하네."

나는 또 벽지에 풀을 발라 주고 아빠는 붙였다. 사다리를 타고 해서 호기심이 생겼다. 그래서 나도 시켜 달라고 했다.

"이건 위험한데? 아니다. 그럼 아빠가 잡아 줄 테니까 한번 해 볼래?"

아빠는 사다리와 나를 받쳐 주었다. 그래서 나는 재미있게 다 하였다.

벽지 붙이는 일도 다 끝내고 정리를 할 차례다. 그런데 벌써 해가 져 버리고 밤이 되었다. 그때부터 나는 배가 슬슬 고파지기 시작했다. 그리고 숙제도 해야 한다.

원래 이런 거 할 때 아빠가 잘 시켜 주질 않는데 그래도 오늘은 시켜 주어 고마웠다. 그런데 아빠는,

"미연이 오늘 제일 고생 많이 했는데 아빠가 한턱 쏜다."

"뭘 쏠 건데?"

"이럴 때는 갈비탕이 최고지."

그래서 엄마와 아빠와 나는 갈비탕 집에 갔다. 힘들게 일하고 먹으니 정말 꿀맛이었다.

어쨌든 다 먹고 다시 갔다. 그런데 아빠는,

"미연아, 숙제 다 했어?"

"아니. 일 다 하고 해도 돼."

그런데 모르고 나올 때, 문을 잠그고 방에 열쇠를 놔두고 나와 버렸다. 그런데 방법이 딱 하나 있었다. 그것은 바로 대문 옆에 담이

있는데 그곳으로 넘으면 우리가 이사할 집이 나온다. 나는 담을 좀 잘 타서,

"아빠, 내가 한번 넘어 볼게."

"안 돼. 너무 위험해."

"알았어. 조심해서 갈게."

나는 아빠의 도움으로 넘어갔다. 약간 삐끗하였지만 다시 중심을 잡아 뛰어내렸다. 그리고 다시 문을 열고 들어갔다.

하여튼 힘든 하루였지만 엄마 아빠가 나를 무시하지 않아 고마웠다.

✎ 이 글에서 보면 아이는 "힘든 하루였지만 엄마 아빠가 나를 무시하지 않아 고마웠다."고 한다. 어른들은 아이가 할 수 있는 일도 할 수 없다며 못하게 하는 일이 많다. 아이를 너무 어리게만 보고 못할 것이라고 생각하기 때문이다. 아이들은 그것을 업신여긴다고 생각한다. 아이가 할 수 있는 일은 기회를 주어 할 수 있도록 해 주는 것이 아이를 존중하는 것이다.

이렇게 아이들의 물건을 소중히 여기고, 개인 공간을 지켜 주고, 할 수 있는 일을 하도록 해 주는 것들이 아이들의 인격을 존중해 주는 것이다. 부모는 사랑과 믿음을 바탕에 깔고 있어야만 아이의 인격을 존중할 수 있다.

인격 존중의 예는 그 밖에도 얼마든지 있다. 아이의 이야기를 끝까지 적극 들어주는 것, 약속을 잘 지키는 것, 아이의 개성을 존중해 주는 것, 아이의 감정을 이해해 주는 것, 어떤 일에 대해 아이에게도 결정권을 주는 것, 아이를 믿는 것, 이 모든 것들이 아이들의 인격을 존중해 주는 것이다.

7 차별당하지 않을 권리

보통 사람들은 남이 잘되거나 다른 사람들에게 칭찬 듣는 것을 보면 은근히 샘을 낸다. 다른 사람과 견주어 자신이 좀 모자란다고 생각하기 때문이다. 샘을 내면서 좋은 쪽으로 생각하면 그 샘은 자기를 발전시키는 힘이 되기도 한다. '나도 저렇게 해야지!' '나는 저 사람보다 더 잘해야지!' 이런 마음이 들기 때문이다. 그러나 나쁜 쪽으로 생각하면 문제를 일으킬 수 있다. 자기를 아주 낮추기만 하는 사람이나 세상을 귀찮게 여기고 싫어하는 사람은 이럴 때 의욕과 용기를 잃고 자신을 포기하기도 한다. '나는 역시 안 돼.' '나는 아무리 노력해도 다른 사람보다 나아질 수 없어. 그러니 노력해 봤자야.' 이렇게 생각한다. 이런 생각은 사회 생활을 할 때 아주 좋지 않은 모습으로 나타나기도 한다.

또한 사람들은 남이 잘못되면 측은하게 생각하면서도 은근히 좋아하기도 한다. 더구나 자신을 괴롭히는 사람이 잘못되면 속으로 아주 즐거워하기도 한다. 남의 결점이나 남이 잘못되는 것을 보면서 자기 안도감과 우월감 같은 것이 생기기 때문이다.

다른 사람이 차별하며 말하지 않아도 사람들 마음속에는 스스로 자신을 다른 사람과 견주어 보는 마음이 들어 있다. 그런데 다른 사람이 차별까지 하면 어떻게 될까? 말할 것도 없이 아주 기분이 나쁠 것이다. 《학대받는 아이들》에서는 어른들이 아이들을 서로 견주면서 차별 대우할 때, 차별당하는 아이들이 아주 싫어하고 마음에 큰 상처를 입는 것을 이야기했다.

그런데 차별당하는 아이들은 큰 상처를 입지만, 그 반대편에 있는 아이들은 오히려 감동하는 경우가 있다. 그러나 이런 감동은 아이들에게 좋은 영향을 주지 않으므로 진정한 뜻에서 감동이라 할 수 없다. 이런 마음은 다른 아이의 마음을 짓밟아 놓고 그 위에 올라서서 즐거운 노래를 부르는 것이나 마찬가지다.

아이들은 부모나 선생님이나 동무들이나 모든 사람에게 차별받는 것을 싫어한다. 아이들뿐만 아니라 사람은 누구라도 차별당하지 않고 똑같이 존중받으며 살아야 한다. 아주 기본이 되는 권리다. 아이의 능력, 성격, 겉모습, 태도를 다른 아이들과 견주지 말고 그 아이 자체로 존중해 주고, 올바른 길을 찾아갈 수 있도록 이끌어 주자. 그러면 아이들은 부모의 진정을 깨닫고 감동할 것이다.

고구마

집에 오니 맛있는 냄새가 났다. 엄마가 고구마를 굽고 있어서다. 나는 옷을 벗고 부엌으로 갔다. 달콤한 냄새가 코에 들어오는 걸 보니 너무 맛있을 것 같았다. 나는 엄마에게,

"엄마, 고구마 먹어도 되요?"

"그래."

"우와, 맛있겠다!"

엄마는 젓가락으로 고구마를 푹 찍어 다섯 개를 그릇에 담아 주었다. 그러고는 또 다른 그릇에도 다섯 개 담았다.

"이거는 동생 주고 이거는 니 먹어라."

"네."

"똑같이 담았으니까 맛있게 먹어라."

"뜨거운데 젓가락 한 개만 주세요."

"자, 젓가락 두 개니까 니 한 개하고 효찬이 한 개 줘서 고구마 찍어 먹어라."

"잘 먹겠습니다."

"그래, 맛있게 먹어라."

"네."

나는 방에서 숙제를 하고 있는 동생에게 고구마를 들고 갔다. 그러고는 그릇을 동생 앞에 내밀었다.

"자, 먹어라."

"우와, 고구마네! 고마워."

"자, 뜨거우니까 젓가락으로 찍어 먹어라."

동생은 숙제를 하다 말고 고구마를 젓가락으로 찍어 맛있게 먹었다. 그리고 내 그릇을 보고는,

"누나야는 고구마 몇 개야?"

"다섯 개다. 엄마가 똑같이 담아 줬으니까 염려 말고 맛있게 먹어라. 젓가락도 똑같이 줬다."

"고마워. 누나야랑 내랑 똑같이 주니까 좋다, 그치?"

"그래, 이렇게 똑같이 대해 주니까 좋다."

우리는 맛있게 고구마를 먹으면서 이야기를 나누었다. 고구마를 젓가락으로 찍어 껍질을 까려고 하는데 껍질이 딱 붙어서 잘 까지지 않았다.

"엄마, 고구마 잘 안 까져."

"보자. 엄마가 까 줄게."

엄마는 내게로 와 고구마 껍질을 까 주었다. 동생의 고구마를 보더니,

"엄마가 까 줄게."

하며 고구마를 집었다.

"엄마, 고구마 껍질 잘 안 까지제?"

"누나야도 잘 안 까진다고 해서 까 줬다. 그런데 니도 잘 안 까질까 봐 까 주려는 거다."

엄마는 동생의 고구마도 껍질을 까 주었다. 우리는 엄마가 준 고구마를 맛있게 먹었다. 옆에서 보고 있던 엄마는,

"맛있나? 많이 먹어라."

"네."

엄마가 구워 준 고구마는 정말 맛있었다.

✎ 어머니는 누나와 동생에게 고구마를 똑같이 나누어 주고, 젓가락도 하나씩 나누어 주고, 고구마 껍질도 똑같이 까 준다. 그러니까 두 아이 다 좋아한다. "고마워. 누나야랑 내랑 똑같이 주니까 좋다, 그치?" "그래, 이렇게 똑같이 대해 주니까 좋다." 이 글을 보면 아이들이 차별하지 않는 것을 얼마나 좋아하는지 알 수 있다.

그런데 어머니가 평등하게 대하지 않고 차별해서 대했다면 틀림없이 문제가 일어났을 것이다. 어머니가 평등하게 대해 주어도 이럴 경우 누나가 불평을 하게 마련이다. 누나는 나이를 더 먹었으니까 먹는 것도 더 먹어야 한다고. 그러면 또 문제가 일어난다. 그런데 여기 아이들은 마음씨도 참 예쁘다. 남매끼리 아주 다정하다. 그러나 하루 이틀 만에 이렇게 되지는 않았을 테다. 어머니가 마음이 너그럽고, 늘 바르게 살아가면서 자상하게 아이들을 가르쳐야 평소에도 이런 모습이 자연스레 배어 나올 수 있다.

내 편인 아빠

5학년 김성주

수요일 저녁, 디스켓 정리도 해야 하고, 글도 저장해야 하고, 인터넷으로 학과 공부 문제도 풀어 봐야 하는 바쁜 날이었다. 동생은 밖에서 동무들과 실컷 놀다 들어와서는 자기도 컴퓨터로 게임을 해야 한다며 화를 냈다.

"빨리 나와라. 그러길래 뚜(누나)는 빨리 하지. 뚜는 자기 시간에 놀면서 숙제는 안 하고 시간 다 끝나고 나서 숙제 하제?"

동생이 화를 내자 나도 화가 나서 신경질을 내며 말했다.

"이게! 나도 꾸준히 숙제 하고 있었단 말이야! 또 누가 나가서 놀아라고 하든? 내가 오후에 책 읽고 있을 때 놀지 말고 그때 컴퓨터 사용했어야지. 어디서 화를 내는데!"

동생은 자기가 불리할 것 같으니까 거실에서 신문 보고 계시는 아버지한테 달려가 고자질을 했다.

"아빠, 뚜는 계속 컴퓨터 하고 나는 안 시켜 준다. 엄마 오면 못 한단 말이야."

'으유우, 또 아빠한테 달라붙네.'

나는 아버지한테 혼날 준비를 하고 있었다. 그런데 예상 외의 일이 일어났다. 아버지가 동생한테 화를 내는 것이다.

"이느무 자슥아! 그러기에 누가 나가서 놀아라고 했나? 니는 못 해도 싸다. 니가 빨리 들어와서 하면 되었지."

나는 아버지의 그 짧은 한마디에 얼마나 기뻤는지 모른다. 동생은 아무 말 없이 결국에는 울음을 터트렸다. 나는 동생에게 미안한 마음이 들었다. 동생이 잘못한 거지만 아버지가 내 편을 들어주고 동생을 혼내 주었기 때문이다. 또 한편으로는 아버지에게 화를 내게 해 죄송한 마음도 든다.

✎ 위와 같은 일이 일어나면 부모는 동생 편을 많이 들어준다. 큰아이는 잘 이해할 것이라 생각하고, 아니 이해를 해야 한다고 단정해 버리고 강제로 누른다. 또 동생을 꾸중하면 더 힘들고 귀찮아지니까 그냥 편하게 큰아이를 꾸중할 때도 많다. 이럴 때 큰아이는 겉으로는 눌리고 있지만 속으로는 많이 불만스러워한다. 아이들은 아직 어른처럼 이해하는 마음이 넓지 못하기 때문에 더욱 그렇다. 또 동생에게도 좋지 않다. 좋지 않은 버릇이 들고 어떤 것이 바른

것인지 혼란스러워한다.

여기서는 아버지가 누나 편을 들어준다. 당연한 일이다. 문제는 동생이 그것을 쉽게 받아들이지 않는 것이다. 늘 자기 편만 들어주던 아버지가 누나 편을 들어주었으니 왜 그러는지 잘 이해하지 못한다. 부모가 늘 바른대로 행동하지 않았던 결과다. 그러니 옳고 그름을 깨우치게 하려면 어리다고 슬쩍 봐주어서는 안 된다. 생각할 수 있는 나이가 되면 옳고 그름을 아주 또렷이 알려 주어야 한다.

누나는 아버지가 "이느무 자슥아! 그러기에 누가 나가서 놀아라고 했나? 니는 못 해도 싸다. 니가 빨리 들어와서 하면 되었지." 이렇게 말했을 때 얼마나 기뻤는지 모른다고 했다. 그래서 동생을 생각하는 마음, 아버지를 생각하는 마음도 덤으로 생겼다. 다만 아버지가 좀 더 자상하게 동생을 깨우쳐 주면 좋겠다.

아빠가 우리 소영이를 얼마나 예뻐하는데

5학년 박소영

오후의 일이다.

아무리 봐도 아빠는 역시 아들인 범수를 나보다 더 예뻐하는 것같이 보였다. 나는 어렸을 때부터 혼자 다 했다. 다섯 살 때도 혼자 씻었고 혼자 밥 먹고 일곱 살 때부터 혼자 머리를 감았다. 그런데 범수는 아직까지도 혼자 머리도 못 감고 씻을 때도 꼭 엄마가 씻겨 준다. 그리고 1학년 때까지 엄마가 밥을 먹여 줬다. 막내는 그렇다고 해서 이해를 한다.

그런데 불공평한 게 하나 있다. 나는 둘째라서 언니랑 싸우면 언니한테 덤빈다고 혼나고 범수랑 싸우면 누나가 동생 잘 안 돌봐 준다고 혼난다. 언니랑은 잘 안 싸우는데 항상 범수가 먼저 내가 하지 말라는 것을 하고 괴롭히고 놀리고 때리고 해서 내가 화를 내게 되고 싸우게 되는데 그럴 때마다 아빠는 범수를 안 혼내고 나만 혼내는 것이다.

오늘도 범수가 계속 하지 말라는 짓을 하고 먼저 때리고 괴롭혔다. 나는 참다 참다가 못 참아서 화를 내고 범수의 등을 착 소리가 나게 때렸다. 그러자 범수는 아빠한테 울면서 가 이르는 것이다. 아빠는,

"박소영, 이리 와!"

이렇게 해서 나를 혼냈다. 내가 아무리 범수가 먼저 괴롭혔다고 해도 아빠는 나보고만 뭐라 그랬다. 그래서 나는 결국 벌을 섰다.

엄마가 옆에서 보고 있다가,

"범수 좀 혼내라. 맨날 누나한테 대들고 범수가 먼저 괴롭혔잖아. 왜 소영이만 혼내는데?"

하며 내 편을 들어줬다. 나는 설움이 복받쳐서 막 울었다. 그러자 아빠는 그제야 범수도 벌을 세웠다.

벌을 다 서고 나는 반성문을 써서 아빠한테 내고 한마디 더 듣고 방으로 들어와서 문을 잠가 놓고 막 울었다.

"아빠 미워! 범수만 예뻐하고! 범수가 먼저 그랬는데! 나는 뭐 주워 온 자식인가?"

오 분쯤 혼자 엎드려서 울고 있는데 누가 방문을 두드렸다. 알고 보니 아빠였다.

"셋 만에 문 열어! 하나 둘 셋!"

나는 문을 열고 의자에 앉아서 아빠를 보지 않았다. 그러자 아빠가,

"소영이 화났어?"

하고 부드러운 목소리로 말했다.

"아빠가 미안해. 아빠는 매일 일찍 나가서 늦게 들어와 피곤한데 둘이 싸워서 화가 났어. 아빠가 미안해, 소영아."

"몰라! 아빠는 범수만 예뻐하잖아! 아빠 미워!"

"아냐. 아빠가 우리 소영이를 얼마나 예뻐하는데."

"치이, 다 거짓말이면서!"

"소영아, 소영이는 다 좋은데 범수랑 싸우지만 않으면 좋겠다."

"범수가 먼저 그랬단 말야!"

"알았어. 아빠가 앞으로 범수도 혼내 줄게. 알았지?"

그러고선 아빠는 나를 꼬옥 껴안아 줬다. 따뜻한 아빠 품에 안기자 몸이 따뜻해지면서 마음의 응어리가 사르르 풀리는 것 같고 편안해졌다.

나는 뜨거운 울음이 나오려는 것을 꾹 참았다.

✎ 이 아이는 위로는 언니가 있고 아래로는 남동생이 있으니 늘 치일 수밖에 없었는가 보다. 소영이는 속이 참 깊은 아이인데 이런 글을 썼으니 무척이나 섭섭했던 모양이다. 뒤에라도 어머니가 편들어 주고, 아버지가 아이 마음을 이해해 주고 미안하다는 표현을 하고, 따뜻하게 안아 주어서 마음이 좀 풀렸다. 그러나 마음 한쪽에 지금까지 쌓였던 응어리는 다 삭아 없어지지 않고 있다는 사실을 꼭 알고 있어야 한다. 아이들 생각에 맞게 이해를 시키면서 공평하게 대해 주지 않으면 또 그 응어리는 싹이 터서 자란다.

부모들은 아이들이 속 썩일 때는 때때로 자식들을 서로 견주면서 꾸중하고 싶고, 차별 대우를 하고 싶겠지만 그렇게 하지 않으려고 노력해야 한다. 차별 대우를 하면 아이에게 반감만 더 사기 쉽다. 아이들은 부모가 형제자매를 서로 견주지 않고 똑같이 대해 줄 때 서로 사이도 더 좋아지고 존중해 주는 마음도 생긴다. 일상에서 평등하게 대접받고 대접할 줄 알아야 나아가 평등한 세상을 꿈꿀 수 있다.

8 미안하다 말할 줄 아는 부모

　많은 부모들은 자신이 잘못했을 때도 아이에게 사과를 잘 하지 않는다. 아이가 잘못했을 때는 기어코 아이가 잘못했다고 말하게 하고, 사과를 받아 내면서 부모 자신이 아이들에게 잘못했을 때는 대충 얼버무리면서 아무 일도 아니라는 듯이 넘어가는 경우가 많다. 아이들을 어리다고 얕보고 있기 때문이다. 또 아이에게 사과하면 아이가 부모를 얕볼까 봐 걱정하는 경우도 있다.

　그러나 부모가 잘못을 인정하고 사과를 하면 아이는 오히려 그런 부모를 좋아하고 존경한다. 아이들이 솔직하게 쓴 글을 읽어 보면 어른들이 잘못했을 때 사과하면 아주 좋아하는 것을 알 수 있다. 자신보다 큰 어른이 자신에게 사과를 하면 자기를 아주 많이 존중하는 뜻으로 받아들이기 때문이다.

　그런데 미안하다는 말은 또렷이 잘못했을 때에만 하는 것이 옳다. 요즘 고3 어머니들 모습이 떠오른다. 아이들 앞에서 죄인인 것처럼 언제나 조심조심하고 무슨 일이 있으면 무조건 어머니가 잘못한 것처럼 말하고 미안하다고 말한다. 많은 아이들은 이런 어머니한테도 고마워하겠지만, 어떤 아이들은 오히려 그런 어머니를 업신여기기도 할 테다. 그래서 미안하다는 말은 또렷이 잘못했을 때에만 하는 것이 옳다.

  미안하다는 말 속에는 다른 사람에게 사과한다는 뜻뿐만 아니라 겸연쩍다는 뜻도 들어 있다. 잘못했을 때도 미안하다고 꼭 말해야 하지만, 겸연쩍을 때도 미안하다는 말을 많이 하면서 살면 좋겠다. "미안하지만 물 한 잔 주시겠습니까?" "미안하지만 줄 좀 서 주시겠습니까?" 이렇게 말이다. 이렇게 미안하다는 말을 자주 쓰면서 살면 사회 분위기가 지금보다 훨씬 부드러워질 것이다. 부모와 아이 관계도 아주 좋아질 것이다.

진아 미안하다

5학년 최혜진

지난 유월 마지막 주였다. 나는 늘 그랬듯이 숙제를 하고 있었다. 물론 글쓰기 숙제다. 다섯 시쯤 컴퓨터를 켜 놓은 채 잠시 화장실에 갔다. 화장실에서 세수를 했다. 나는 글쓰기 숙제만 하면 잠이 온다. 왜 그런지는 나도 모르겠다. 그냥 피곤해서 그런 걸까? 아무튼 너무 잠이 왔다. 잠을 깨우기 위해 밖에 잠시 나갔다가 들어왔다. 한번 나갔다가 들어오니 숙제가 더 하기 귀찮아졌다.

"아아함, 잠 온다."

하품도 했다.

나는 잠시 의자에 기대었다. 그러고 눈을 스르르 감았다. 그런데 어느새 잠이 들었던 모양이다. 눈을 뜨니 다섯 시 삼십 분이었다. 빨리 숙제를 하려고 컴퓨터를 보았다. 그런데 컴퓨터는 흰 백지만 남아 있을 뿐 글자는 한 자도 보이지 않았다. 처음엔 내 눈을 의심했다. 눈이 나빠서 안 보이는 걸까, 하고 생각했다. 하지만 아무리 시력이 나빠도 이 정도의 글씨는 읽을 수 있다.

나는 너무 이상해서 엄마한테 물어보았다.

"엄마, 여기 있던 글 어디 갔어?

고개를 갸웃거렸다. 엄마는 잠시 머뭇거리더니 말했다.

"진아, 엄마가 어떻게 잘못하니까 꺼지더라."

나는 엄마의 말을 듣고 움직이지를 못했다.

"이거 껐다고?"

나는 믿어지지 않아서 엄마에게 자꾸 물어보았다. 엄마는 똑같은 대답만 할 뿐이었다. 나는 끝내 짜증을 냈다.

"그거를 왜 끄는데!"

엄마는 너무 미안했던지 불안해하는 아이처럼 어쩔 줄 몰라 했다. 그리고 보통 때보다 아주 작은 목소리로 말했다.

"그게, 니가 자길래 엄마가 깨워 주려고 갔는데 꺼지대?"

기가 막혔다.

"내 이거 다시 쳐야 되잖아! 아이참!"

내 눈에는 눈물이 고였다. 엄마는 내 등을 위 아래로 문질러 주면서 말했다.

"진아, 미안하다."

엄마의 말에 화났던 마음이 조금 풀렸다. 그렇지만 나는 엄마를 외면하고 글을 썼다. 엄마는 조용히 큰방으로 들어갔다. 그런데 가만히 생각해 보니 왠지 엄마에게 미안했다. 엄마는 내가 자는 걸 보고 그냥 깨워 줄려고 한 건데 나는 그것도 모르고 화만 냈으니…….

엄마는 끝까지 나한테 미안하다고 했다. 엄마의 말을 듣고 내 화는 어느 정도 풀렸다. 그런데 왜 내가 점점 더 미안해지는 걸까? 아무튼 엄마에게 막 화를 낸 것은 정말 잘못했다. 엄마에게 미안하단 말을 꼭 해야겠다.

✎ 이 글로 봐서는 어머니가 컴퓨터를 껐는지 안 껐는지 잘 모르겠다. 그래도 어머니가 미안하다는 말을 했다. 어머니가 잘못해서 미안하다고 했다기보다 컴퓨터에 저장된 글이 사라져 버려 몹시 속상해하는 아이를 위로해 주려고 그랬다고 보는 것이 좋겠다. 그래서 아이는 몹시 상했던 마음이 풀어진다. 마음이 풀어진 아이는 어머니에게 미안한 마음을 느낀다.

"엄마, 여기 있던 글 어디 갔어?"

"그걸 내가 어떻게 알아! 니가 자길래 깨워 주려고 가니까 저절로 꺼지대."

"그게 어떻게 저절로 꺼져. 내 이거 다시 쳐야 되잖아. 아이참!"

"자기가 잘못해 놓고선 괜히 나한테 화내기는!"

이렇게 되면 관계만 아주 안 좋아진다.

심부름

6학년 이재영

엄마가 요리를 하는데 참기름이 없다고 했다.

"재영아, 참기름 좀 사 온나."

"어, 내가 갔다 올게."

나는 엄마에게 돈을 받아 뛰어나갔다. 가게에 가서 참기름을 사려는데 종류가 열 개 있었다. 그래서 조금 더 비싼 것을 샀다. 그러고는 집으로 왔다.

"다녀왔습니다."

"어. 왔나?"

"응. 잔돈 남았다. 자."

엄마는 잔돈을 헤아리더니 고개를 갸우뚱거렸다.

"니 돈 썼나?"

"아니."

"그냥 솔직히 말해라."

"안 썼다니깐."

"가게에 전화해 본데이?"

"응, 해 봐라. 난 안 썼다."

엄마는 가게에 전화를 걸었다. 그러고는 참기름 가격을 물어보았다. 그러더니 잠시 뒤에 전화하라고 했다.

"니 진짜 안 썼나?"

"응!"

힘들여서 심부름 갔다 왔는데 엄마가 나를 의심하니 눈물이 핑 돌았다. 나는 눈물을 보이지 않도록 컴퓨터 책상 의자에 앉았다. 그런데 전화가 왔다.

"여보세요? 예? 아아아, 네."

엄마는 들고 있던 잔돈을 헤아리더니,

"맞네. 내려와 봐라."

나는 눈물을 뚝뚝 흘리며 의자에서 내려왔다. 눈물 흘리는 것을 보이지 않도록 고개를 푹 숙였다.

"고개 들어 봐라."

나는 고개를 들었다. 엄마는 휴지를 주며,

"미안하다. 엄마가 잔돈이 적게 남았길래 캤다. 눈물 닦아라, 미안하다."

나는 이때까지 의심당한 것을 생각하니 눈물이 비 오듯 흘러내렸다.

"울지 말고 눈물 닦아라, 미안하다니깐. 울지 마래이."

엄마가 사과를 하고 또 눈물을 흘리고 나니 괜찮았다. 그때 엄마가,

"미안하데이."

하며 나를 안아 줬다.

✎ 아이의 억울한 마음을 "미안하다." 이 한마디로 위로하는 것은 모자란 점이 있다. 그렇지만 미안하다고 말하지는 않고 오히려 "니가 전에도 그랬으니까 의심을 하지." 이런 식으로 말하는 부모보다야 백번 낫다.

부모가 잘못을 인정하고 미안하다고 할 때 아이들은 부모의 사람다운 참된 모습에서 감동을 받는다.

늦게 깨워 줘서 미안하데이

5학년 김성주

밤이 깊어 갈수록 눈꺼풀이 무거워진다.

'아이 씨, 숙제도 해야 되고 기말고사 공부도 해야 하는데……'

오후에 실컷 책 보다가 늦은 밤에 숙제하는 게 후회가 되었다. 나는 밀려오는 잠을 참을 수 없었다. 그래서 결국에는 거실에 있는 어머니께 부탁했다.

"어머니, 내일 여섯 시 삼십 분에 꼭 깨워 주세요."

이렇게 말하고 나서 걱정 없이 잠나라에 들었다.

그런데 일이 터졌다. 어제 어머니께 꼭 여섯 시 삼십 분에 깨워 달라고 했는데 일어나니 일곱 시 삼십 분이었다.

"어머니, 왜 안 깨워 줬어요?"

장사하러 나가려고 밥 먹고 있는 어머니께 따졌더니,

"니가 알아서 했어야지!"

하며 도리어 나를 꾸중했다. 나는 너무 억울하고 어머니에 대한 미움이 컸다.

나는 인사도 안 하고 쌀쌀맞게 집을 나오면서 어머니를 원망했다.

저녁이 되었다. 어머니가 저녁밥을 먹으면서 말했다.

"성주야, 오늘 지각했나?"

나는 겨우 지각을 면했지만 쌀쌀맞은 태도로 거짓말을 했다.

"응, 그것도 엄청나게 늦었어요."

"성주야, 엄마 많이 밉제?"

어머니가 그렇게 말하니 내 마음이 울컥해졌다. 어머니는 또,

"성주야, 늦게 깨워 줘서 미안하데이. 엄마도 늦잠 잤거든. 또 엄마도 짜증 나서 그랬어. 미안하데이."

내 눈에는 그만 눈물이 그렁그렁 맺혔다.

"어머니, 괜찮아요. 제가 잘못했어요."

"아니지. 엄마가 잘못했지. 다음부터는 약속 꼭 지킬게."

내가 어머니를 미워하고 원망한 걸 꾸중해야 하는데 도리어 어머니가 나한테 사과를 하다니! 어머니의 넓은 마음, 감사합니다.

✎ '미안하다.' 이 말 한마디에는 정말 큰 힘이 들어 있다. 부모가 아이한테 미안하다고 말하려면 용기를 많이 내야 한다. 가장 큰 용기가 자기 잘못을 인정하는 것이라 하지 않던가. 아이에게 말로 미안하다고 못 하겠으면 편지로라도 하자. 또 요즘은 손전화도 있고 전자 우편도 있으니까 표현하기가 더욱 쉽다.

이 글에서 어머니가 미안하다고 사과하니까 아이는 감동해 눈물을 그렁거린다. 그리고 제 잘못도 찾아내어 반성한다. 이렇게 아이는 어머니의 넓은 마음을 배워 간다.

자크 떨어진 베개

얼마 전부터 베개 옆 부분의 자크가 떨어져 그 부분이 계속 벌어져 있다. 엄마가 베개를 꿰매 준다고 하셨는데 지금까지 깜깜무소식이었다.

저녁이었다. 오늘 다시 엄마에게 꼭 베개를 꿰매 달라고 말해 보기로 했다.

"엄마, 언제 베개 꿰매 주실 거예요?"

"조금 있다가 꿰매 줄게."

"꼭이에요?"

"알았다."

엄마와 이야기가 끝나고 기다렸는데, 밤이 될 때까지도 꿰매 주지 않았다.

"엄마, 언제 베개 꿰매 줄 거예요?"

"어, 그래, 미안. 엄마가 피곤해서 내일 꿰매 줄게."

"치이, 이런 게 벌써 몇 주째인지 알아?"

"미안, 엄마가 오늘은 너무 피곤해서 말이야."

"그럼 내일은 꼭 꿰매 줘야 되는 거 잊지 마세요?"

"어, 알았다."

다음 날 저녁이 되었다.

"엄마, 베개 오늘은 꼭 꿰매 줘야 돼?"

"알겠다. 엄마 설거지만 다 하고 꿰매 줄게."

엄마가 설거지를 다 하고 베개를 가지고 나에게로 왔다. 그러고는 실과 바늘을 꺼내었다. 바늘에 실을 끼워 베개를 잡고 꿰매셨다. 그

러고는 나에게,

"효진아, 미안하다."

"뭐가?"

"베개 빨리 못 꿰매 준 거."

"아아, 그거 괜찮다."

"그래도. 다음에 또 떨어지면 빨리 꿰매 줄게."

"어. 히히히……."

"진짜 미안하데이."

"괜찮다. 다음에 잘 꿰매 주면 되지 뭐. 그리고 까먹을 수도 있고 피곤해서 그럴 수도 있지."

"그래, 알았다."

엄마와 나는 서로 이야기를 하면서 웃었다. 이야기를 하는 동안 엄마는 베개를 다 꿰매셨다.

"진아, 다 됐다."

"엄마, 고마워요."

"다음에는 더 빨리 꿰매 줄게."

"네에."

엄마가 늦게 꿰매 준 건 사실이지만 엄마가 이렇게나 미안해하실 줄은 정말 몰랐다.

✎ 참으로 마음이 따뜻해지는 글이다. 아이도 어머니에게 베개를 꿰매 달라고 조급하게 다그치지 않고 어머니는 아이에게 진정으로 미안한 마음을 표현하니까 아이는 더욱 따뜻한 어머니의 정을 느낀다.

잘못해서 사과하는 뜻으로 미안하다고 하는 것도 좋지만, 겸손히 양해를 구하는 뜻으로도 미안하다는 말을 아이들에게 많이 쓰면 좋겠다.

"진아, 미안하지만 엄마 심부름 하나 해 줄래?"

"아들, 미안하지만 이 상자 좀 들어 줄래?"

그리고 또 뒤에는 이런 말이 들어가면 더욱 좋겠지.

"고마워!"

이렇게 부모가 잘못했을 때 미안하다 하고 사과하면 아이와 크게 부딪치지 않고 아이를 감동시키는 큰 힘이 된다. 부드러우면서도 큰 힘 말이다.

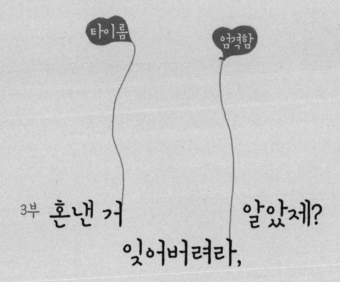

3부 혼낸 거 알았제?
잇어버려라,

9 맺힌 마음 풀어 주기

꾸중은 아이들이 잘못했을 때 바람직한 행동을 할 수 있도록 깨우쳐 주는 방법 가운데 하나다. 그러나 꾸중보다 더 좋은 방법은 아이가 잘 알아들을 수 있도록 타이르는 것이다. 그런데 그것이 참 마음대로 안 될 때가 많다. 교실에서 아이들과 지내다 보면 하루에도 몇 번이나 속을 뒤집는 아이들도 있고, 아무리 가르쳐도 기대에 못 미치는 아이들도 있다. 그래서 위협하고, 조롱하는 말이나 인격을 짓밟는 말로 함부로 꾸중을 해서 아이의 마음에 상처를 입히는 경우가 생긴다.

화가 나서 마구 꾸중하고 싶은 마음이 불같이 일어날 때는 먼저 조금 마음을 눌러야 한다. 그리고 화가 난 지금의 심정을 솔직하게 표현해야 한다. "철아, 너 왜 동생을 함부로 때리니? 엄마는 그러는 널 보니까 너를 흠씬 때려 주고 싶도록 화가 나. 동생을 말로 잘 타이르고 친절하게 가르쳐 줘야지." 이런 식으로 하면 좋다. 이 말 속에는 어른한테 지금 그만한 감정이 생긴 까닭이나 아이가 무엇을 잘못했고 앞으로 어떻게 행동해야 옳은지 하는 것들이 다 나타나 있다.

하지만 보통 어른들이 아이를 꾸중할 때는 화풀이 감정을 실어 야단친다. 화풀이 감정이 안 실려 있다 해도 꾸중하는 어른이 도덕 가치 판단을 그릇되게 하고 있다면 아이에게 상처를 입히고, 그 상처가 아이의 마음속에 오래도록 맺혀 있을 수 있다. 그렇게 감정을 누르지 못하고 아이를 꾸중했을 때는 아이를 그대로 내버려 두어서는 안 된다. 어떤 방법으로든 아이의 맺힌 마음을 반드시 풀어 주어야 한다.

그러나 부모들은 아이를 심하게 꾸중하고 나서는 '또 꾸중했구나! 부드럽게 타이르지 못하고 상처 줄 만큼 너무 심하게 꾸중했구나!' 이렇게 생각하며 아이에게 지나치게 미안하다고 하고, 갑자기 넘치게 친절해지고, 지나치게 사랑한다고 하고, 지나치게 물건을 사 주는 경우가 있는데, 이것은 아주 좋지 않다. 이렇게 하면 꾸중하는 부모는 잘못한 것이 되고 잘못을 저지른 아이는 오히려 자기가 잘한 것으로 받아들일 수도 있다. 반감 없이 잘못한 것은 잘못한 것으로 또렷이 받아들일 수 있도록 해 주고 마음을 풀어 주어야 한다.

언니와 싸우다가

지난 5월이었다. 언니가 거실에서 컴퓨터를 하고 있었다. 날마다 하는 거라서 이제는 적응이 되었다. 그런데 문득 머릿속을 스치는 생각이 있었다.

'맞다! 오늘 글쓰기 숙제 있지!'

하지만 나는 거실에 나갈 수가 없었다. 언니가 또 나보고 뭐라고 트집 잡을 거고 나는 대꾸를 하다가 싸울 것이다. 그렇게 되면 엄마 아빠한테 혼난다. 정말 혼나기는 싫다.

나는 잠시 생각을 했다. 그때 좋은 생각이 떠올랐다. 나와 같이 텔레비전을 보고 있는 엄마한테 먼저 말하기로 했다.

"엄마, 내 숙제 해야 되는데 지금 언니야가 하고 있어서 못 하겠다."

나는 애절하게 엄마에게 말했다. 엄마는 언니가 다 들릴 만큼 크게 말했다.

"혜선아, 혜진이 숙제 좀 하게 비켜 줘라!"

조금 뒤 언니는 방문을 열며 나를 쌔려봤다. 나는 고개를 획 돌리고 일어나 컴퓨터 있는 쪽으로 갔다. 그러고는 태연스럽게 앉았다. 언니는 나를 보고 말했다.

"미라 동생은 할 시간 다 딱딱 지키는데 니는 뭔데?"

나는 화가 나기 시작했다. 하지만 여유롭게 맞받아쳤다.

"그야 미라 언니야가 착해서 그런 거지."

언니는 화를 참지 못하고 소리를 질렀다.

"니보다 미라 동생이 백배는 낫다."

나는 화가 더 났다. 하지만 여기서 같이 소리를 지르면 혼나기 때문에 조용하고 차분하게 말했다.

"그러면 미라 언니야 집에 가라."

"뭐?"

내 말에 놀랐는지 소리를 질렀다. 나는 계속해서 언니에게 말을 했다.

"미라 언니야 동생이 그렇게 좋으면 미라 언니야 집에 가서 살지 왜!"

"그만해라!"

언니는 몸을 부르르 떨고 있었다. 화가 엄청 많이 났나 보다. 갑자기 나한테 와서는 내 머리를 때리는 것이다. 나는 언니의 배를 발로 찼다. 그리고 몇 발자국 뒤로 물러갔다. 그런데 언니는 내 머리를 자꾸 때렸다. 내 눈에서 눈물이 쏟아졌다. 언니의 얼굴은 빨갛게 달아 있었다.

우리를 죽 지켜보고 있던 엄마가 버럭 소리를 질렀다.

"그만하라고 했지? 왜 말을 안 듣노?"

그래도 언니와 나는 서로 째려보았다.

"최혜진! 니는 왜 언니야 약 올리는데, 어?"

나는 너무 억울했다.

"언니야가 먼저 시비 걸었단 말이야."

엄마는 내 등을 '짝' 소리가 나도록 때리고는 말했다.

"아무리 그래도 그렇지 언니를 때리나?"

나는 언니를 째려봤다. 언니는 몰래 웃고 있었다. 나는 눈물을 흘렸다.

"니도 마찬가지다!"

엄마는 언니에게 소리를 질렀다.

"왜 나한테 카는데?"

언니는 엄마한테 소리를 질렀다. 엄마는 화가 나서 언니의 등을 때렸다.

"뭐 잘한 게 있다고 큰소린데?"

언니는 방문을 열고 들어갔다. 나도 덩달아 들어갔다.

삼십 분쯤 지나자 엄마가 우리 방 안으로 들어오며 자상하게 말했다.

"괜찮나? 안 아프나? 그러기에 그만하라면 그만하지 왜 말을 안 듣노."

엄마는 등을 문질러 주었다.

"등 한번 대 봐라."

엄마는 나와 언니의 등을 보더니 놀란 듯했다.

"어이구, 빨갛네!"

엄마는 손으로 등을 왔다 갔다 하며 문질렀다.

"앞으로는 싸우지 마라, 알았지?"

엄마의 목소리는 부드러웠다.

엄마는 언니와 내가 싸우는 것이 싫었겠지. 그래서 우리를 때렸겠지. 엄마에게 죄송하다는 말을 한 번도 해 드린 적이 없어서 그런지 이럴 때 어떻게 무엇을 해야 할지 모르겠고 어떤 말을 해야 할지 모르겠다. 아무튼 이제는 언니와 싸우지 않도록 노력해야겠다.

✏️ 자매 사이에 싸움이 단단히 붙었다. 어떤 말을 해도 끝이 안 날 것 같아 어머니가 그만 아이들 등짝을 '짝' 소리 나도록 한 대씩

때렸다. 이런 일에서는 괜히 어느 한쪽 아이만 나무라든지 비아냥 거린다든지 하면 한쪽은 반드시 마음에 상처를 입는다. 그래서 이렇게 두 아이 모두를 야단쳐 그만 싸우게 해 놓아야 한다.

어쨌든 이 일에서 어머니가 두 아이를 꾸중한 것은 무리가 없다. 그리고 어머니가 두 아이의 등을 문질러 주어 어느 한쪽에 치우치지 않고 똑같이 위로해 주고 똑같이 사랑한다는 표현을 한 셈이다. 그래서 아이는 감동받고 잘못을 깨우쳤다.

아이들은 이렇게 감정이 여리다. 감정이 여려서 혼나고서도 쉽게 잊어버리기도 하지만 때에 따라서는 깊게 상처를 입는다. 또 좋지 않은 일을 쉽게 잊어버린다고는 해도 그런 일이 잦으면 마음속에 응어리가 남을 수 있다.

아이를 위하는 진정한 마음을 담지 않거나 인격을 짓밟으면서 꾸중했을 경우, 나중에 아이의 마음을 풀어 주어도 아이는 부모의 마음을 거짓으로 받아들이기 쉽다. 그러므로 화풀이하는 마음으로 함부로 꾸중하면 안 된다.

숙제를 안 해서

6학년 김진석

나는 숙제를 잘 안 해 간다. 우리 반 아이들 중에서도 많다. 그래서 우리 선생님이 참다가 참다가 화가 났는지 가정 연락부에 가정 통신문을 썼다. 우리는 하나하나 받아 적어 집으로 왔다. 숙제 잘해 오는 아이는 잘해 온다고 적었고 안 해 오는 아이는 안 해 온다고 적어 갔다는 말이다.

집에 왔다. 아빠와 엄마가 있었다. 대문에 들어서기가 무서웠다.

사인을 받아야 되니 안 보여 줄 수도 없다. 일단 방으로 들어갔다.

"엄마, 뭐 보여 줄 거 있는데……."

"머꼬? 보자. 와 아가 시무룩하노?"

나는 가정 연락부를 내었다. 매도 먼저 맞는 게 낫다는 속담도 있는데 나는 빗자루로 맞을 준비를 하고 내었다. 그 뒤에 있을 일이 떠올랐다. 엄마가 읽었다. 아빠는 지켜보기만 했다.

"이뿌이 아빠요. 이거 한 번 보이소."

"와 큰일 생깄나?"

아빠가 읽었다. 내 손에는 식은땀이 났다. 어디에 가고 싶었다. 갑자기 아빠 얼굴이 반 일그러졌다. 눈은 45도 각도로 쫙 올라갔다. 입도 쫙 벌렸다.

"석이 요새 숙제 안 하나? 아빠가 가만히 있으니까 놀았나?"

"아빠, 다시는 안 카께. 아빠, 아빠, 응?"

나는 울면서 싹싹 빌었다.

"석이 가방 가지고 와! 빨리!"

아빠가 소리쳤다. 그때 내 가슴이 텅 내려앉았다.

가방을 가지고 왔다.

"빨리 숙제 해, 아빠 보는 앞에!"

숙제를 하려고 하니까 손이 막 떨렸다. 땀 때문에 샤프가 미끌려 글씨가 써지지도 않았다. 조금 더 있으니 손이 차가워졌다. 다리는 후들후들 떨렸다. 한 시간만 있으면 다 할 숙제를 겁이 나 두 시간이나 걸렸다.

다 하니까 아빠가 또 시작했다.

"석이 니 그래가지고 안 된데이. 아빠따라 농사나 질래?"

이제 아빠 마음이 풀린 듯했다. 그래서 나는,

"아빠 한다. 하마 된다."

그런데 그게 아니었다.

"되긴 뭐가 되노, 이 자슥아! 또 좋다 좋다 카이끼네 아빠 갖고 놀라카네."

아빠가 충고를 하고 어디에 갔다.

엄마가 말했다.

"석이 니 뭐 될라고 농땡이짓하노?"

"몰라. 내가 우예 아노."

나는 아빠가 없다고 엄마에게 대들었다.

"엄마한테 대드나? 엄마한테 맞아 볼래?"

엄마가 파리채를 들고 왔다.

"니 까불래!"

"몰라!"

엄마가 파리채로 등을 때렸다. 등이 째질 것 같았다.

"아이 씨 아프다!"

엄마가 여기 저기 막 때렸다. 나는 막는다고 정신이 없었다. 그러다 손도 맞고 손가락도 맞았다. 참을 수 없이 아팠다. 전기에 꿉히는 듯했다. 내 손은 파리채 자국이 났다. 나는 못 견뎌 울었다.

"알았다. 엄마, 잘못했다. 아프다. 내 죽는데이!"

울면서 말했다. 나는 하도 울어서 눈이 팅팅 부었다.

맞은 지 한 시간이 지났을까? 나는 옷을 벗어 봤다. 파리채 자국이 선명했다. 엄마는 내 때린 게 마음이 아픈지 몸에 안티푸라민을 발라 주었다. 나는 정신이 번쩍 들었다. 어쩐지 맞아도 나는 엄마가 좋았다.

✎ 아이는 아버지한테 눌렸던 마음을 조금 덜 두려운 어머니한테 터뜨린다. 어떻게 하면 어머니의 화를 돋울까, 생각하며 조금씩 어머니의 마음을 건드린다. 어머니는 또 대응을 하고. 이런 경우 부모들의 대응 방식은 이렇다. 처음에는 부드럽게 하다가 그것이 안 통하면 비웃으면서 꾸중한다. 그래도 안 되면 협박하고, 끝내 그것도 안 통하면 매를 든다.

그런데 이것을 알아야 한다. 아이가 부모의 마음을 조금씩 건드려 보는 것은 어머니가 자기에게 관심을 얼마나 기울이고 있는지, 얼마나 사랑하고 있는지 가늠해 보는 행동인지도 모른다는 것. 이 아이의 글에서 "어쩐지 맞아도 나는 엄마가 좋았다."고 한 말을 보면 그렇구나 싶다. 어쨌거나 아이를 혼내고 난 뒤에는 그대로 내버려 두지 말고 꼭 사랑으로 풀어 주어야 한다.

반찬 투정

5학년 김성주

언제나 같은 반찬거리, 질릴 대로 질렸다. 어머니께서 일을 하시다 보니 맛있는 반찬이 밥상 위에 올라오는 경우가 많이 없다. 항상 똑같은 반찬에 질렸다는 걸 겉으로는 그런 척하지 않았지만 기회가 있으면 투정해 보고 싶었다.

안 그래도 친구와 싸워서 기분 나쁜 날 저녁, 어머니와 저녁밥을 먹는데 또 보기도 지겨운 반찬이 올라왔다. 나는 짜증이 나 나도 모르게 볼멘소리로 말했다.

"엄마, 반찬 좀 만드세요. 먹을 게 너무 없잖아요."

나는 어머니께서 피곤한 걸 알면서도 화를 냈다. 그러니 어머니께서 화를 내며 말하셨다.

"얘가, 이 정도면 옛날에는 진수성찬이었지. 엄마는 옛날에 이런 거 없어서 못 먹었는데."

"지금은 옛날이 아니잖아요. 항상 똑같은 반찬 먹으면 누가 좋아하겠어요?"

"이 계집애가, 그럼 밥 먹지 말고 니 방에 가서 자!"

나는 어머니 말대로 금방 숟가락을 내팽개치고 투정을 부리며 내 방으로 왔다. 이불을 푹 덮어썼다. 잠은커녕 분이 풀리지가 않았다. 그렇게 짧게 몇 마디 말했을 뿐인데 꾸중을 들으니 억울하고 더 따지고 싶었다.

'씨, 엄만 내 맘도 몰라 주고, 요즘 세대에 맞춰야 되지.'

시간이 얼마나 지나갔을까? 시계는 벌써 밤 열 시를 가리키고 있었다. 내 마음도 모르는 배는 자꾸 꼬르륵거렸다.

'나가서 밥 달라고 할까? 벌 받고 있는데 밥은 무슨 밥이냐며 잔소리만 듣겠지. 에라이 모르겠다. 자 버리자.'

내가 자려고 할 때 어머니께서 내 방 문을 열고 살며시 들어오셨다. 나는 계속 자는 척을 했다. 어머니께서 부드러운 목소리로 나를 부르셨다.

"성주야."

나는 자다가 일어나 부스스한 모습을 하는 척했다. 어머니 옆에는 작은 밥상에 내가 제일 좋아하는 김치찌개와 김이 나는 밥이 있었다. 나는 김치찌개 한 그릇이면 밥 두 그릇을 금방 뚝딱 먹어 치울

만큼 김치찌개를 좋아한다. 김치찌개를 보고 입 안에서 군침이 돌
때 어머니께서 말씀하셨다.

"성주야, 배 많이 고프제? 엄마가 미안하데이. 반찬이 너무 없
제? 우리 가족이 먹고살라면 엄마가 바빠야 되는 거 알제? 여기
물 먹고 밥이랑 김치찌개 해 왔으니깐 맛있게 먹어라. 다 먹은 건
방 앞에 놔둬라."

어머니께서는 이불을 치우고 밥상을 내 앞에다 놓으며 말하시고는,

"맛있게 먹어라."

하며 나가셨다.

나는 밥을 먹는데 눈물이 뚝뚝 떨어졌다. 어머니께서 바쁘신 걸
알면서도 반찬 투정을 한 내가 한심했다. 반찬이 없는 걸 어머니의
탓으로 돌리고 어머니께서 마음 아파하실 것은 생각해 보지도 않았
다. 이 세상에서 제일 맛있고 귀한 밥이 어머니께서 만드신 밥인
데……. 앞으로 반찬 투정 절대 안 부리고 어머니께서 내 옆에 계셔
주고 따끈한 밥을 지어 주시는 것만으로도 감사하게 여기고 만족하
겠다.

✎ 아이가 반찬 투정을 할 때 "그렇지? 반찬이 너무 없지? 엄
마가 늘 바쁘니까 우리 성주한테 신경 쓰지를 못했구나." 이렇게 한
마디 했더라면 아이는 반찬 투정한 것을 오히려 미안하게 생각했을
것이다. 어머니가 하루 내내 일하느라 고생하는 것을 알고 있기 때
문에 더욱 그렇다. 그런데 어머니는 '내가 너희들을 위해 얼마나 고
생하는데 반찬 투정이나 해?' 이런 생각으로 아이를 나무라고 말았
다. 그러면 다음은 어떻게 될 것인지 안 봐도 뻔하다.

그래도 아이가 삐져서 제 방으로 들어갔을 때 어머니가 더 버티지 않고 아이의 마음을 잘 헤아려서 달랬다.

"성주야, 배 많이 고프제? 엄마가 미안하데이. 반찬이 너무 없제? 우리 가족이 먹고살라면 엄마가 바빠야 되는 거 알제? 여기 물 먹고 밥이랑 김치찌개 해 왔으니깐 맛있게 먹어라. 다 먹은 건 방 앞에 놔둬라."

그렇게 해서 아이는 감동의 눈물을 뚝뚝 흘렸다.

어머니가 아이 방에서 나와 준 것도 참 잘한 일이다. 밥을 먹고 싶어도 아이는 부끄러움이나 자존심 때문에 어머니 앞에서는 쉽게 밥을 먹지 못할 것이다.

설거지

6학년 조명희

밤 열 시가 다 되어 가자 엄마와 아빠가 집으로 왔다. 엄마는 피곤한지 아픈지는 모르겠지만 방에 들어가 바로 침대에 누웠다. 나는 엄마한테 가서,

"엄마, 어디 아프나? 어디가 아픈데? 머리?"

"아니, 조금 아프다. 신경 쓰지 마라."

나는 엄마 옆에 누워 있었다. 그런데 아빠가 밖에서,

"명희야! 이리로 와 봐! 얼른!"

옆에서 아빠의 소리를 들은 엄마는,

"명희야, 얼른 나가 봐라. 아빠가 니 찾는 것 같은데 얼른 가 봐라!"

나는 아빠한테 갔다. 아빠는 거실에 앉아 있었다. 화가 난 표정으

로 나를 보았다. 난 무슨 일인지 몰라서 그냥 서서,

"아빠, 왜 불렀어?"

"왜 설거지 안 했어? 산더미네, 산더미! 엄마랑 아빠가 가게에서 일하고 오는데 그거 하나도 안 하나? 엄마 아빠 가게 갔다 오면 피곤해서 집안일 못 하는데 설거지도 안 해? 좀 해 놔야 될 거 아니가!"

아빠가 버럭 소리를 지르자 나는 깜짝 놀랐다. 하지만 아빠의 말을 들을 때는 고개를 푹 숙이고 있었다. 그런데 아빠는 계속 나에게 꾸중을 했다. 아빠의 말이 맞긴 맞다. 엄마 아빠가 가게에서 일하고 오면 피곤하다는 건 누구보다 잘 알면서 조그마한 일도 하지 않았으니까. 그런데 아빠가 자꾸 소리를 지르자 나는 눈에 눈물이 맺혔다. 눈물이 내 볼을 따라 주르르 흘러내렸다. 아빠는 말이 끝났는지,

"들어가서 자!"

나는 아무 말 없이 그냥 방으로 들어왔다. 아빠가 나를 혼내는 것을 다 듣고 있던 엄마는 나에게,

"아빠가 혼내드나?"

"어. 설거지 안 했다고……."

"니 아빠는 별걸 가지고 아를 혼내노."

나는 침대에 누워서 그냥 자려고 했다. 그런데 엄마가 내 등을 토닥거리면서,

"명희야, 울지 마라. 오늘 아빠가 혼낸 거 잊어버리고 자라, 알았제?"

나는 아빠에게 혼난 건 서운했지만 엄마가 감싸 주어 참 고마웠다. 아빠는 내가 좋은 길로 가게 해 주려고 그렇게 혼냈다고 생각한

다. 아무리 나를 혼내도 나는 엄마 아빠가 좋다. 그래도 억울하게 혼나는 것은 싫다. 내 잘못이 아닌데 혼나는 건 말이다.

앞으로 엄마 아빠가 가게에서 일하고 와서 피곤하니까 작은 일, 내가 할 수 있는 일, 시간이 많이 안 걸리는 일들은 내가 하도록 노력하겠다. 꼭 말이다.

✏️ 식구 여럿이 한꺼번에 아이를 꾸중할 때는 그 가운데 한 사람이라도 아이를 위로해 주어야 한다. 그렇지 않으면 아이는 세상 어디에서고 위로받을 길이 없어 막다른 골목에 다다른 것처럼 쓸쓸해한다. 다만 잘잘못을 구분하지 못하게 해서는 안 된다. 잘못이 있다면 잘못을 받아들이도록 위로해 주어야 할 것이다.

이 글에서 보면 아버지가 꾸중을 한 뒤, 어머니가 감싸 안으며 위로해 준다. "아빠가 혼내드나?" "니 아빠는 별걸 가지고 아를 혼내노." "오늘 아빠가 혼낸 거 잊어버리고 자라, 알았제?" 이 말 속에는 아이가 잘못한 것을 자연스럽게 받아들이게 하면서도 따뜻하게 위로하는 마음이 듬뿍 담겨 있다. 그러니까 아이가 깊이 감동받아서 아버지에게 꾸중 들은 것도 좋게 받아들이고 있다.

꾸중을 들으면 아이는 자기가 나쁜 아이라 생각하고 죄의식에 사로잡히기 쉽다. 그래서 열등감에 빠지거나 불안해하고, 어떤 일을 할 때 자신감을 잃고 걱정을 많이 하며, 다른 사람들을 좋게 보지 않기도 한다. 아이를 꾸짖은 뒤에는 반드시 부모가 아이를 사랑한다는 것을 알게 해 주고, 용서한다는 뜻을 정확히 표현하고, 마음을 풀어 주어야 한다.

10 꾸중보다 타이름이 좋다

아이들이 저지르는 잘못을 크게 두 갈래로 나누어 보면, 실수로 또는 잘못인 줄 모르고 저지르는 잘못과 잘못인 줄 뻔히 알면서 저지르는 잘못이 있다. 실수로 또는 잘못인 줄 모르고 저지르는 잘못은 따지자면 잘못이라고 말할 수 없다.

어쨌거나 아이들은 때때로 크게 작게 잘못을 저지른다. 그 잘못을 그냥 덮어 두는 것은 아이의 교육을 포기하는 것과 같다. 잘못을 저지르면 깨우쳐 주어야 한다.

잘못을 깨우쳐 주는 방법은 두 가지가 있다. 타이르는 것과 꾸짖는 것이다. 어떤 방법이든 잘못을 깨우쳐 줄 때 아이가 받아들이지 않으면 문제가 일어난다. 꾸짖을 때는 더욱 그렇다.

내가 어릴 때 벼 팔아 생긴 돈에서 백 환을 훔쳐 캐러멜을 사 먹은 적이 있다. 그날 저녁, 빚을 갚기 위해 돈을 헤아려 보시던 아버지께서 고개를 갸웃거리며 물으셨다.

"호철아, 혹시 너 돈 못 봤나?"

그때 나는 가슴이 철렁 내려앉았다.

이튿날 나는 아버지 앞에 고개를 떨어뜨리며 무릎을 꿇고 앉았다.

"아부지예, 돈 그거 안 있습니꺼……."

나는 그만 닭똥 같은 눈물을 뚝뚝 흘리며 남은 돈을 슬며시 내밀었다.

　"됐다. 그러니께 죄짓고는 못 사는 기라. 다시는 그런 짓 하지 마라. 니가 바른말 했으니께 아부지 맴이 좋다. 그 돈 가지고 니 사묵고 다시는 그런 짓 하지 마래이."

　그렇게 아버지는 꾸중하지 않고 잘 타일러 주셨다. 그때 왜 그런 나쁜 짓을 했냐며 심하게 꾸중을 했다든지 매를 들었다면 나는 반성하며 눈물 흘리지 않았을 것이다.

　아이를 꾸짖는 어른이나 꾸중을 듣는 아이나 감정이 서로 대립해 큰 마찰이 일어날 때도 있다. 그러다 보면 문제가 크게 일어나기도 한다. 어른들은 아이가 잘못했을 때, 감정을 섞어 화를 내기보다 잘 타일러서 아이가 바람직한 쪽으로 바뀔 수 있도록 도와줘야 한다.

컵 깨트린 일

4학년 최기호

학교에서 집에 오니 목이 말랐다. 나는 부엌 바닥에 컵이 있는지도 모르고 가다가 발로 차서 컵이 깨어져 버렸다. 나는 엄마가 뭐라 칸다고 막 빨리 치우고 있는데 엄마가,

"이거 무슨 소리고?"

나는 엄마한테 죽었다고 생각했다. 엄마를 보자마자 고개를 푹 숙였다. 그런데 엄마는 오히려 걱정해 주었다.

"어데 비켰는 데 없나? 조심하지, 말라고 서두노."

나는 엄마한테 감동을 받아서 눈물도 흘리고 싶고, 말도 하지 않고, 시간도 안 가고 이대로 가만히 있었으면 좋겠다. 나는 엄마보고,

"엄마, 나는 다친 데 없다."

엄마는 유리 조각을 치웠다. 나는 그때 눈물을 흘릴라고 했다. 나는 엄마에게,

"엄마, 손 비킨다, 조심해라."

엄마는,

"내 걱정하지 말고 방에 들어가거라."

나는 알았다고 말했다. 그래도 엄마가 비킬까 봐 걱정을 했다. 그러던 차에 엄마가,

"아!"

나는 무슨 일 있나 싶어서 부엌문을 열어 보았다. 그런데 엄마는,

"별거 아이다."

방에 들어올 때 엄마 손을 슬쩍 보았다. 유리가 박혀서 피가 조금 나고 있었다. 나는 이렇게 생각을 했다. 나는 맨날 엄마 속이나 태우

고 잘해 주지도 못하는데 왜 엄마는 나한테 잘해 주는지 모르겠다.

엄마는 방에 안 들어왔다. 내가 부엌문을 다시 열어 보니까 손 비켰는데도 설거지를 하고 있었다. 나는 따가워서 어떻게 설거지를 하겠노, 걱정을 했다.

"엄마, 그만하고 들어온나."

"조금만 하면 된다."

나는 엄마가 날 하늘만큼 사랑하는 것을 알았다. 나는 엄마한테,

"엄마, 내가 설거지하면 안 되나?"

"엄마가 하지, 말라고 니가 하노."

"나 심심하단 말이야."

"심심하마 숙제 해라."

엄마 대신 내가 설거지할라 했는데 안 된다. 나는 큰맘 먹고 숙제를 했다. 사실 나는 그때 숙제가 하기 싫었다. 나는 숙제를 다 했다. 또 나는 엄마에게 밴드를 붙이라고 했다.

"엄마, 내 운동하러 간데이."

"갔다 온나."

나는 놀이터까지 뛰어갔다.

집에 돌아와 엄마 손을 보니 밴드를 붙이고 있었다. 나는 마음 놓고 텔레비전을 보았다.

✎ 실수로 컵을 깨트렸지만 어머니는 아이를 나무라지 않고 걱정해 준다. 그러니까 아이는 아주 깊이 감동받는다. "나는 엄마한테 감동을 받아서 눈물도 흘리고 싶고, 말도 하지 않고, 시간도 안 가고 이대로 가만히 있었으면 좋겠다." 이 정도로 말이다. 그런데 여

기서 크게 꾸짖는다든지 매질을 하면 반발심만 일 뿐 잘못했다 생각하지는 않을 것이다. 아마 꾸중 들은 것이나 매 맞은 것으로 죗값을 다 치렀다고 생각할지도 모른다.

나는 잔소리를 많이 하는 편이다. "길 건널 때는 길 양쪽을 잘 살피며 건너야 한다. 그리고 동네 골목길도 함부로 내달리면 큰일 날 수 있으니까 차가 잘 안 다니는 골목길도 꼭 살펴보고 안전하게 다녀야 한다. 어항의 물고기를 살펴보는 건 좋지만 고기를 골려 주려고 어항을 손으로 툭툭 치면 고기가 놀라. 또 그것뿐 아니라 어항도 깨트릴 수도 있으니까 조심해야 해. 그리고 어항 옆에서는 심하게 내달리며 장난을 쳐서는 안 된다." 이렇게 하나하나 짚어 가며 이야기한다. 그리고 어항 옆에서 심하게 장난치는 아이에게 꿀밤을 한 대씩 주기도 한다. 그러나 아이가 큰 어항을 깼을 때 내가 한 말은, "거 봐, 조심하랬지. 큰일 날 뻔했잖아. 빨리 깨어진 유리나 치워라. 베지 않게 조심하고……." 이 말뿐이다. 이럴 때는 나도 모르게 침착해진다. 알고 보니 그게 참 잘한 일이었다.

어른은 아이가 큰 실수를 저지를수록 침착하게 행동해야 한다. 아이들은 실수를 저지르면 누가 말하지 않아도 이미 반성하고 있다. 늘 조심하라고 말했는데 그 말을 잘 안 들어서 그런 큰일이 일어났다는 정도로만 다시 한 번 잘못을 깨우쳐 주고, 그 일을 스스로 마무리할 수 있도록 해 줘야 한다. 아직 어린 아이에게는 마무리하는 방법을 잘 설명해 주어야 한다. 그래야만 아이가 사회에 나가서도 자신의 실수나 잘못에 대한 책임을 스스로 질 수 있다. 그리고 실수나 잘못을 되풀이하지 않는다. 다 큰 아이가 저지른 잘못까지도 부모가 대신 잘못했다고 사과하는 모습을 볼 수 있는데 그것은 잘못된 방법이다.

아이가 동네에서 놀다가 가게의 창문을 깨트렸다고 생각해 보자. 그때 유리창을 깨트린 아이의 부모가 "잘못했다, 미안하다."며 사과하는 경우가 있는데, 그렇게 해서는 안 된다. 아이가 스스로 가게 주인에게 찾아가 사과를 하도록 해야 한다. 그리고 그 뒤처리도 무조건 부모가 해 줄 것이 아니라, 아이가 부모에게 창문을 깨트린 까닭을 말하게 하고, 또 도와 달라고 말할 수 있도록 해야 한다. 부모가 도와주는 대신 아이에게 집안일을 하게 한다든지 용돈을 모으게 한다든지 해서 같이 마무리한다는 생각이 들도록 하면 좋다.

또 아이가 무엇을 잘해 보려다가 실수를 저지르면 두려워하지 않도록 힘을 더욱 북돋워 주어야 한다. 발표를 하다 실수해서 잘못 말했다든지, 실험을 하다 실수를 해서 실험을 그르쳤다든지 했을 때는 용기를 실어 줄 수 있어야 한다. 이런 실수를 두려워하면 도전 정신을 기를 수 없고 창조의 싹도 자랄 수 없다.

축구하다 늦게 왔을 때

5학년 이지수

지난 4월 중순쯤에 있었던 일이다. 난 수영을 하고 난 뒤 시간이 조금 남아 운동장에서 친구들과 축구를 했다. 그런데 한참 축구를 하다 시계를 보니 여섯 시 이십 분이었다.

나는 집으로 달려왔다. 잠시 경비실에 소포를 가지러 가니 일곱 시였다. 깜짝 놀라 뒤로 나자빠질 것 같았고, 뒤통수를 한 대 얻어맞은 것 같았다.

"아저씨, 이거 잘못된 시계 아니에요?"

"아니, 이거 정확한데."

"끄아아, 네, 고맙습니다. 수고하세요."

"오냐. 언능 들어가래이."

심장이 덜컥 멎을 것 같았다. 벌써 엄마가 회초리를 들고 현관에 서 있는 게 상상이 갔다. 그리고 때리는 상상도 했다. 정말 끔찍했다. 그냥 집에 안 갈 생각도 있었지만, 만약에 그랬다간 파출소에 가서 미아 신고 하고 난리가 날 것이다.

나는 맞을 작정을 하고 들어갔다. 벨을 눌렀다. 긴장이 되었다. 침이 꼴딱 꼬올딱 넘어갔다. 너무 긴장이 된 나머지 다리가 와들와들 떨렸다.

'아아씨, 그냥 놀지 말걸. 그리고 이 시계 맛이 갔나?'

'철컥!' 할머니가 문을 열어 주셨다. 나는 엄마 아빠 몰래 할머니 방으로 살금살금 들어가려고 했다. 그러나 마루로 나오던 아빠에게 딱 찍히고 말았다. 순간 좌절, 절망, 실망, 죽음 같은 생각들이 밀려 왔다. 아빠가 미웠다.

"어? 지수 인제 왔나?"

"네에? 하아 하아 하아 네에."

'아아씨, 아빠 뭐꼬? 하필이면 이때 나오노!'

"이지수, 일로 와 봐!"

엄마의 날카로운 소리가 들렸다. 다리가 아까 전보다 더 와들거 렸다. 이도 딱딱딱거렸다. 긴장이 되었다. 내 심장 소리가 들렸다. 침묵이 흘렀다. 엄마는 의외로 가만히 있었다. 그래도 겁은 계속 났다.

"지수야, 왜 늦게 왔노? 엄마 아빠 걱정하잖아."

"네, 친구랑 축구하다가⋯⋯."

"앞으로는 늦지 말아라. 알았지? 약속."

"약속!"

난 앞으로 다신 안 그러기로 약속했다. 지금 다시 맹세하는데 다시는 엄마를 걱정시키지 않을 것이다. 엄마, 사랑합니다.

✎ 아이들은 정신없이 놀다가 이렇게 늦게 오기도 한다. 내가 어렸을 때를 생각해 보면 요즘 아이들은 시간도 참 잘 지키고 부모에게 크게 걱정을 끼치지 않는 편이다.

이 글을 쓴 아이 어머니는 내놓고 꾸짖는 말은 안 했지만 "지수야, 왜 늦게 왔노? 엄마 아빠 걱정하잖아." 이렇게 타이르는 말로 꾸짖고 있다. 그리고 "앞으로는 늦지 말아라. 알았지? 약속." 다시 한 번 더 엄하게 말을 한다. 그렇지만 아이 기분을 상하게 하지는 않았다.

어릴 때부터 아이가 밖에 나갈 때는 어디에 가서, 누구와, 무엇을 하고, 몇 시까지 돌아오는지 부모에게 알리고, 또 집에 늦게 돌아갈 때는 전화로라도 무슨 까닭으로 늦어져 몇 시까지 돌아간다고 알리는 버릇을 들여야 한다. 보통 때는 그렇게 버릇을 들이도록 가르치지 않고 문제가 터졌을 때 꾸짖기만 해서는 안 된다. 아이가 잘못하기 전에 바른 정신을 가지도록, 바르게 버릇을 들이도록 늘 깨우쳐 주어야 한다.

돈 훔친 일

나는 돈이 필요해서 엄마 아빠 방을 두리번거렸다. 그런데 엄마 화장대 위에 5,000원이 있었다.

'이거 가지고 가면 안 되겠지?'

나는 곰곰이 생각하다 할 수 없이 그 5,000원을 내 주머니에 쏙 넣었다. 그리고 까치발을 하고 뛰어나왔다.

그때였다.

"수빈아, 뭐 하노?"

"엉? 어, 아니다."

"잠깐, 니 엄마 돈 가져갔나?"

"어? 어, 아니다."

그 순간 나는 당황해서 말을 더듬거렸다.

"주머니 보자."

"어? 어."

엄마는 내 주머니 속에 손을 넣어 돈 5,000원을 빼내어 내 눈 앞에 들고 흔들었다.

"누가 엄마 돈 훔치랬어?"

"어 엄마, 미안. 아앙……."

나는 울음을 터트렸다.

"으이그, 울지 마."

"어엉 어어어엉……."

엄마는 내 팔을 당기더니 나를 꼭 안아 주었다.

"울지 마. 이번이 처음이니까 용서해 줄게. 다음부터는 이런 짓

하지 마."

"……."

엄마는 내 등을 토닥여 주었다.

"엄마가 화내서 미안."

"엄마, 미안해."

엄마 품이 어느 때보다 더 좋고 따뜻했다.

✏ 아이는 돈을 몰래 가져가면 나쁘다는 것을 알면서도 가져갔다. 아이들은 필요한 것이 눈에 보이면 끌리는 마음을 물리치지 못하고 몰래 가져가기도 한다. 그러므로 아이들 마음을 끌어당길 수 있는 물건은 아이들 눈에 보이지 않는 곳에 놓아두는 게 좋다. 네 것 내 것의 구별이 잘 안 되는 아주 어린 아이에게는 남의 것을 함부로 가져오면 안 된다고 또렷이 깨우쳐 주어야 한다.

남의 물건을 가져가고 나서 아이들은 거짓말을 하기도 한다. 아이가 몰래 돈을 가져간 것을 뻔히 아는데 거짓말까지 하면 부모들은 무척 화가 날 것이다. 그래서 솔직하게 말하라고 다그치는데, 아이들은 궁지에 몰리면 또 다른 거짓말을 한다.

될 수 있는 대로 부모들은 아이가 거짓말을 하지 않도록 해 주어야 한다. 예를 들어 돈을 몰래 가져가고도 "어? 어, 아니다." 하고 거짓말을 할 때는 "돈이 꼭 필요하면 엄마한테 말해. 그러면 엄마가 줄 테니까. 귀한 우리 딸에게 필요한 돈을 왜 안 주겠니?" 이렇게 알아듣도록 말하는 게 좋다. 훔쳐 간 돈을 어머니가 아이의 주머니 속에서 찾아내는 것보다는 아이 스스로 훔친 돈을 내놓으며 잘못을 뉘우칠 수 있도록 해 주어야 한다.

11 엄격과 억압은 다르다

아이들하고 지내다 보면 엄격하고 단호하게 대해야 할 때가 많다. 아이들이 꼭 지켰으면 하는 것들은 엄격하고 단호하게 말해야 한다. 그래야 아이가 해야 할 말과 행동, 하지 말아야 할 말과 행동을 또렷이 구분할 줄 알게 된다.

나는 아이나 어른들이 횡단보도 건너는 모습을 보고 자주 얼굴을 찌푸린다. 다른 사람들은 횡단보도 앞에서 차분히 신호 바뀌기를 기다리고 있는데 어떤 사람들은 뻔뻔스럽게 그냥 건너가는 경우가 많기 때문이다. 때로는 중고등 학생들도 얼음과자를 쭐쭐 빨며 어슬렁어슬렁 건너간다.

한 번은 이런 일도 있었다. 고등학교 2학년 남자 학생인 듯싶은 아이들 셋이 음료수를 마시고 빈 깡통을 길에 아무렇지도 않게 버리고 간다. 그래서 내가 "학생, 그걸 거기에 버리면 어떻게 해? 주워서 쓰레기통에 버려라." 이랬더니 '별 이상한 사람 다 보겠네. 네가 뭔데?' 하는 듯한 얼굴로 나를 본다. 그러고는 휙 돌아서서 가려고 했다. 그래서 내가 단호하게 "얼른 그 깡통 주워 쓰레기통에 버려!" 이랬더니 무슨 욕을 하는지 중얼거리며 마지못해 주웠다. 그래도 이 정도면 괜찮은 아이구나, 이렇게 생각했는데 조금 가더니 깡

통을 발로 차 버리고는 도망가는 것이다. 나는 그 모습을 보면서 정말 교육이 무엇인가 하는 생각밖에 안 들었다.

흔히 식당에서 어린아이가 온 식당을 마구 휘젓고 돌아다니는 모습을 본다. 그래도 부모들은 가만히 있는다. 이것은 부모가 아이를 망나니가 되도록 가르치는 것이나 다를 바 없다. 아무리 어려도 지킬 것은 지키도록 가르쳐야 한다. 지켜야 할 것은 지키도록 엄격하게 가르치는 것이 진정한 사랑이다.

그러나 아이를 엄격하고 단호하게 대하다 보면 아주 억압하는 행동을 하기 쉽다. 아이를 억압하면 아이들은 기가 꺾이고, 좌절하고, 자신 없이 행동하거나, 그와는 달리 아주 거세게 반항할 수도 있다. 하지만 엄격하고 단호하게 대할 때도 그 속에 지극한 사랑을 담으면 아이들은 아주 다르게 받아들인다.

유리 조각

　나는 숙제를 다 하고 동생과 텔레비전을 보고 있었다. 엄마가 설거지하다 나한테 말했다.

"숙제 다 했나?"

"네."

　숙제 다 했는지 확인을 했다. 그런데 그 순간,

"엄마야아!"

"왜요?"

"그릇 깼다!"

"어?"

　엄마가 나랑 이야기하는 사이에 한눈팔다가 유리컵을 깨어 버렸다. 나는 어떻게 되었는지 궁금해서 리모컨을 던져 놓고 부엌에 뛰어갔다. 들어가려고 하는데 엄마가,

"오지 마! 여기 유리투성인데 와 오노!"

　이렇게 화를 내길래 나는 슬금슬금 뒷걸음쳤다. 그냥 구경하려던 것뿐인데 엄마가 화까지 내니까 괜히 기분이 나쁘기도 했다. 그런데도 엄마는 이런 내 마음을 아는지 뒤 베란다로 가면서,

"오면 안 된데이! 그럼 혼난다!"

하는 것이다.

　안 간다고 대답해 놓고도 어떤 컵이 깨어졌나 싶어 유리 조각을 피해 조심조심 부엌에 들어갔다. 그러다,

"아!"

　유리 조각을 밟은 것 같았다. 따끔거려서 발을 절뚝거리며 소파에

126　감동을 주는 부모 되기

와 앉았다.

발을 올려 보니 엄지발가락 밑에 빨간 점 같은 게 찍혀 있었다. 그건 피였다. 가시가 박힌 것처럼 따끔거리고 아파서 망설이다 유리 치우고 있는 엄마에게 말했다.

"엄마, 내······."

"빨리 말해라!"

"유리 박혔어."

"으응? 어데? 보자!"

엄마는 놀란 표정을 하며 조심조심 걸어와 내 발을 보았다. 그러고는 화난 얼굴로 약통을 뒤지면서 '후시딘' 약과 대일 밴드를 가져왔다.

"누워 봐라!"

나는 누워서 발을 들었다. 엄마는 손톱으로 살짝살짝 눌러서 유리 조각을 빼내었다. 그리고 '후시딘'을 바르고 대일 밴드를 붙였다. 그러더니,

"작은 거라도 박히면 빼기 힘들어서 클 나는 거 아나, 모르나?"

"알아요."

"엄마가 오지 마라 안 카드나?"

난 그저 고개만 숙이고 있었다.

"봐라! 엄마 말 안 들어서 이래 다쳤잖아! 니 만약에 유리 조각 큰 거 박혀서 크게 다치면 우얄라 캤드노?"

"······."

"잘못했제? 한 번만 더 카면 클 난데이!"

난 고개만 끄덕거렸다.

엄마는 다시 한번 대일 밴드를 딱 붙여 주고는 유리 치우러 갔다. 혼나서 기분은 조금 안 좋았지만 엄마가 나를 걱정해 줘서 혼내 준 거라고 생각하니 마음이 편안해지고 고마운 마음이 들었다.

✎ 이 아이의 어머니는 깨어진 컵의 유리 조각에 아이가 다칠까 봐 가까이 오면 안 된다고 단호하게 말한다. 아이는 "그냥 구경하려던 것뿐인데 엄마가 화까지 내니까 괜히 기분이 나쁘기도 했다."고 썼는데, 아이가 이렇게 생각할 여지가 있더라도 단호하게 말해야 한다. 그런데도 아이는 유리 조각 가까이에 왔다가 발에 조그만 유리 조각이 박히고 말았다. 어머니는 아이가 다시는 그런 위험한 행동을 하지 않도록 하기 위해 엄격하고 단호하게 말한다.

그러나 이어서 사랑을 담아 말한다. "봐라! 엄마 말 안 들어서 이래 다쳤잖아! 니 만약에 유리 조각 큰 거 박혀서 크게 다치면 우얄라 캤드노?" "잘못했제? 한 번만 더 카면 클 난데이!" 이렇게 아이들의 안전과 관련된 일에서는 엄격하게 하면서도 사랑으로 어루만져 주어야 한다. 아이들은 그런 부모에게 사랑을 느끼고 감동을 받아 다시는 그런 행동을 하지 않을 것이다.

신호등 앞에서
5학년 김현지

우리 식구 모두 이마트에 갔다가 아빠는 회사에 가기 때문에 헤어져 버스를 타고 와 다시 걸어왔다. 우리 집 쪽에 있는 횡단보도에 다다랐을 때다.

"아고, 지루해 죽겠네! 파란 불 될 때까지 언제 기다리노!"

"맞아. 빨간 불 없으면 좋겠다. 아휴우, 다리야!"

내 동생과 난 신호 기다리는 것에 대해 불평불만이 많았다. 그걸 보고 엄마는,

"야들아, 뭐가 그렇게 불평불만이 많은데?"

하고 말했다. 엄마는 우리가 신호를 기다리는 동안 바로 옆에 있는 슈퍼에 들러 시원한 음료수와 아이스크림, 그리고 과자를 사 줬다. 그러는 동안 신호가 또 한 번 바뀌고 말았다.

"히호오, 이제 시원하네. 근데 다리 아파 죽겠다."

"불평불만 끝!"

내가 이러고 있을 때 우리 옆에 있던 어떤 아줌마랑 고등학생쯤 되어 보이는 언니 오빠들이 빨간 불 신호인데도 막 뛰어 건너가는 것이다.

"우리도 그냥 가자! 차도 별로 안 오네, 뭘."

동생은 다리 아프다고 그냥 가자고 했다.

"뭐라고? 안 돼! 절대 안 돼!"

엄마는 동생 말에 크게 놀란 소리로 절대 안 된다고 했다.

"왜?"

"왜가 어딨노! 안 되면 안 되는 거지!"

"근데 왜?"

동생의 말에 엄마는 우리를 똑바로 보며 말했다.

"현지도 그렇고 아라도 그렇고, 엄마 말 잘 들어 봐라!"

엄마의 표정이 이렇게 진지한 건 처음 본다.

"횡단보도 건널라고 신호 기다릴 때, 지루하다고 바쁘다고 빨간 불인데도 건너가는 사람은 나쁜 사람이야! 그렇게 해 가지고 갑

자기 차가 와 사고 나면 어떡할래? 그리고 절대로 니 친구나 아는 사람이 그냥 건너가자고 해도 건너가면 안 돼!"

"네에."

왠지 우리 엄마만큼 좋은 엄마는 없다는 생각이 마구마구 들었다. 그리고 다른 아줌마들에 비해 신호 질서 잘 지키고 예의 잘 갖춘 우리 엄마가 너무너무 자랑스럽다.

✎ 이 글에서 보면 어머니가 참 잘하고 있다. "뭐라고? 안 돼! 절대 안 돼!" 이렇게 단호하게 말해 놓고 안 되는 까닭을 이야기해 주며 아이와 같이 질서를 지키고 있다. 그 모습을 보고 아이는 "왠지 우리 엄마만큼 좋은 엄마는 없다는 생각이 마구마구 들었다. 그리고 다른 아줌마들에 비해 신호 질서 잘 지키고 예의 잘 갖춘 우리 엄마가 너무너무 자랑스럽다." 이렇게 생각한다.

거짓말

6학년 박수빈

며칠 전의 일이다. 학교를 마치고 집에 돌아와서 공부를 하려는데 왠지 컴퓨터가 하고 싶었다.

'요즘 엄마가 공부 검사를 안 하니까 그냥 놀아도 괜찮겠지.'

나는 눈 질끈 감고 엄마 모르게 컴퓨터를 했다. 한참 컴퓨터에 빠져 있다가 시계를 보았다. 벌써 여섯 시 삼십 분이다. 나는 컴퓨터를 끄고 엄마 옆에서 텔레비전을 보려고 1층으로 내려갔다.

"엄마, 뭐 해?"

"텔레비전 보지. 근데 니 공부 다 했나?"

"어? 어. 다 했다."

나는 엄마 앞에서 바로 거짓말을 했다. 그 순간 가슴이 콩닥콩닥 거렸다.

우리 식구들은 저녁을 먹고 난 뒤 3층으로 올라가 각자 자기 할 일을 했다. 그런데 나는 엄마가 공부 검사를 하지 않게 하려고 엄마에게 계속 말을 걸었다.

"엄마, 어디 가는데?"

"러닝머신 하러 가지. 왜?"

"어? 아니다."

엄마는 체육복으로 갈아입고 운동을 하러 거실에 나가려고 하다가,

"수빈아, 공부한 거 가지고 온나."

"어? 잠시만."

엄마의 말에 깜짝 놀란 나는 얼른 책상으로 가서 하지 못한 공부를 몇 분 동안이라도 하려고 했다. 그런데 몇 분 뒤에 엄마가 내 책상 앞에 와서는,

"니 뭐 하는데?"

"어? 공부."

"아까 했다고 했잖아?"

"어? 어."

순간 엄마는 목소리가 굵게 변했다.

"니 또 왜 거짓말했어? 어?"

"어, 그게 저기."

"저기 그게 뭐!"

엄마는 소리를 크게 지르며 나를 혼냈다. 순간 나는 깜짝 놀라 눈

물을 흘렸다. 울고 있는 것을 보고 있던 아빠가,

"니 뭐 잘했다고 우노? 얼른 가서 목욕하고 온나!"

아빠의 큰소리에 나는 울음을 그치고 화장실로 갔다. 화장실에 가자 다시 눈물이 나왔다.

"어엉 어엉 어엉……."

솔직히 말해서 아빠 말이 맞다. 내가 잘한 것도 없으면서 우는 게 이상하다. 아빠의 큰소리가 싫기만 하지는 않았다.

목욕을 하고 나오니까 엄마가,

"다 했나? 그러니까 왜 거짓말을 하노? 다음부터는 그러지 마! 알았어?"

"네."

엄마가 딱 잘라 말하듯이 그러지 말라고 했지만 오히려 떨리던 내 마음이 가라앉는 것 같았다. 그리고 거짓말하지 말아야겠다는 각오도 했다.

✎ 이 글에서 보면 어머니에게 꾸중을 듣고 울고 있는 아이에게 아버지는 "니 뭐 잘했다고 우노? 얼른 가서 목욕하고 온나!" 이렇게 말한다. 그러자 아이는 "솔직히 말해서 아빠 말이 맞다. 내가 잘한 것도 없으면서 우는 게 이상하다. 아빠의 큰소리가 싫기만 하지는 않았다." 이렇게 생각한다. 아버지가 한 번 더 아이가 잘못을 깨우치도록 해 준 셈이다.

엄격한 부모는 분명하고 단호하면서 아주 자신감 있고 여유도 있다. 이런 부모 밑에서 자라는 아이들은 부모가 엄격하게 말을 해도 자신들을 억압하거나 굴욕스럽게 다룰 거라고 생각하지 않는다.

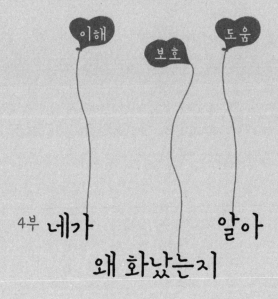

4부 네가
왜 화났는지
알아

12 사춘기 아이들의 말과 행동

요즘 아이들은 초등학교 고학년만 되어도 사춘기에 접어든다. 사춘기는 아이들의 몸과 마음이 빠르게 자라는 시기이다. 사회에 대한 관심이나 성에 대한 관심도 많아진다. 이 시기를 어떻게 보내느냐에 따라 아이의 인생이 뒤바뀔 수도 있다. 부모들은 아이들이 사춘기를 잘 보낼 수 있도록 도와주어야 한다. 그러려면 무엇보다 이시기 아이들의 특징과 심리를 잘 알아야 한다.

이 시기 아이들은 마음이 복잡해져 다른 사람과 갈등도 많이 생기고 그만큼 마음이 많이 아플 수도 있다. 그렇게 아픔을 겪으면서 또렷한 한 사람으로 한결 더 자란다. 또 부모에게 독립된 인격체로 인정받고 싶어 한다. 그래서 부모의 명령을 어기거나 외면하면서 어른들과는 다른 독특한 행동을 많이 한다. 그러면서도 부모에게서 완전히 독립하는 것을 두려워하기도 해서 아주 큰 행동으로 옮기지는 못한다. 그러므로 아이가 부모를 외면한다고 해서 부모를 업신여긴다고 생각하지 말고 넓은 마음으로 아이를 이해하고 받아들여야 한다.

아이들은 부모의 잘못을 꼬집어 말할 때, 마음이 부담스러워 본마음과는 달리 공격하거나 비꼬듯이 말하고는 한다. 어른이 그것을 이해 못하면 마치 대드는 것으로 생각하기 쉽고, 기분이 아주 나빠진다. 그러면 아이를 감정으로 대하기 쉽다. 그래서는 안 된다.

부모가 아이들의 독특한 행동과 생각을 받아들이고 이해해 주면 아이들은 어느 순간 쉽게 말을 트기도 한다. 아이와 터놓고 말을 하기 시작하면 갈등은 잘 생기지 않는다. 일어난다 해도 쉽게 풀어 갈 수 있다.

사춘기 아이를 더 이해하려면 아이가 좋아하는 노래를 같이 듣는다거나 영화를 같이 본다거나, 그 밖에 여러 방법으로 아이들과 어울려 보아야 한다. 아이의 마음을 이해하지도 못하면서 마음에 들지 않는 행동을 한다고 화를 내고 간섭만 한다면 틀림없이 아이는 부모를 외면한다.

무슨 일 있나?

6학년 박채연

나는 요즘 사춘기에 접어들어 왠지 우울한 날들이 많다. 그럴 때마다 엄마에게 짜증을 많이 낸다. 그러면 엄마는 내가 속상한 일이 있는 줄 알고 옆에서 지켜본다.

"채연아."

"아, 왜?"

나는 화를 내는 투로 대답한다.

"무슨 일 있나?"

"아, 몰라!"

괜히 엄마한테 화를 막 낸다. 나는 엄마 마음을 다 알면서도 막 함부로 말을 툭툭 내뱉는다. 그럴 때마다 엄마는 나에게 조심스럽게 말한다.

"채연아."

"왜 자꾸 부르는데!"

"무슨 화나는 일이라도 있어?"

"아니, 그런 거 없다."

"그럼 왜 그러는데?"

"아, 몰라!"

나는 참았던 울음도 터뜨려 버린다.

"왜 그러노? 무슨 안 좋은 일 있나?"

"그게 아니라……."

"그게 아니라, 뭐?"

"그냥 속상하고 답답해."

"뭐가 그래 답답하고 속상하시지, 우리 딸?"

"그냥……."

"채연아, 진정 좀 하고 그만 울어 봐."

나는 엄마의 말에 울음을 그치고 가만히 멍하게 앉아 있다.

"엄마한테 말해 봐, 무슨 일인지. 엄마가 도와줄 수 있는 거면 도와줄게."

그런데 엄마 말을 들으니까 왠지 모르게 또 그냥 눈물이 난다. 마음껏 울 수 있어 좋다. 우울하다가도 엄마 말을 들으면 안심이 된다. 속상한 일이나 그냥 기분 안 좋을 때, 나를 위로해 주는 엄마가 너무 고마울 뿐이다.

'엄마, 정말 고마워요.'

✎ 아이들은 부모에게 독립된 한 사람으로 인정받고 싶어질 때 이렇게 엉뚱하게 반항하는 말투가 나오기도 한다. 독립하려고 할 때 생기는 불안감 때문이다. 그 반항 속에는 도와 달라는 뜻이 숨어 있다고 한다. 그러니 아이들이 반항할 때는 속마음을 잘 이해하려고 노력해야 한다. 이 아이를 보면 우는 것도 몰래 숨어서 울지 않고 이렇게 드러내 놓고 운다. 건강하다는 증거다. 이런저런 생각들이 많지만 모든 게 마음처럼 안 되고 불안해 속상하고 답답하다고 하며 울음을 터트린다. 그러다가 어머니가 위로해 주는 말을 들으니 안심이 된다고 했고 그런 어머니가 고맙다고 했다.

보통 어른들은 아이가 짜증을 내면 참기 힘들어한다. 그런데 이 아이의 어머니는 아이의 마음을 이해하려고 애쓴다. 부모와 자식이 다투면서 정이 드는 경우도 많은데, 그 경우 부모가 진정으로 아이

편에서 생각하는 마음을 깔고 있지 않으면 갈등이 일어나기 쉽다. 때로는 그 골이 깊어져 돌이키기 어렵게도 된다. 조심할 일이다.

언니야, 기분 안 좋다

6학년 김현지

학교에서 친구랑 싸웠다. 그래서 짜증이 막 났다. 뭐든지 다 트집 잡고 싶고 속에서 천불이 나는 것 같았다. 그래서 가방을 던져 놓고 내 방 의자에 가만히 앉아 있었다. 그때 내 동생이 오더니,

"언니야, 잠시만 나와 봐!"

"왜?"

"나와 보라니까아!"

"알았다고오!"

동생이 자꾸 나오라고 신경질을 내면서 의자를 미니까 나도 저절로 목소리가 막 커졌다. 동생은 입을 쑥 내밀고 엄마한테 갔다. 난 그냥 조용히 가만히 있었다. 그때 엄마와 동생이 하는 이야기를 들었다.

"언니야한테 자꾸 그러지 마래이."

"언니야가 먼저 했다아!"

"지금 언니야 기분 마이 안 좋다. 그러니까 언니야 화나게 하지 마라."

"네에."

동생은 시무룩해져 자기 방에 들어갔다.

한참을 가만히 있다 보니 엄마가,

"현지, 우유 주까?"

"네에."

"잠깐만 나와 봐래이."

난 터벅터벅 걸어 나갔다. 엄마는 나에게 우유를 따라 주며,

"현지야, 기분 마이 안 좋나?"

"아니요."

"그럼 와 카노? 기분 풀어래이, 우유 마시고."

엄마는 부엌으로 갔다. 난 우유를 마시고 은경이랑 만나려고 피아노 학원에 갔다.

괜히 내가 기분 안 좋게 있어서 엄마를 걱정시키는 것 같기도 하고 엄마 기분까지 상하게 한 것 같다. 엄마랑 동생한테 화난 게 아닌데도 동생한테 화풀이하게 되고 엄마한테는 말도 제대로 안 하고 말이다. 엄마한테 미안하고 내 마음 끝까지 잘 알아주는 엄마가 고맙기도 하다.

✎ 이 어머니는 아이가 기분 안 좋은 까닭을 억지로 알려고 하지 않고 그 마음을 헤아려 주고 있다. 억지로 그 까닭을 알려고 하면 동무 때문에 기분 나쁜 것이 어머니한테 쏟아져 반발할 것이다. 또 아이의 본마음은 잘 모르면서 아이보고 괜히 화낸다고 꾸중하면 아이는 어머니를 믿지 않게 된다.

아이들은 동무와 의견이 안 맞으면 더러 다투기도 하면서 서로 정이 깊어진다. 아주 어려운 일이 아니면 동무와 다투어 고조되어 있는 마음만 안정시켜 주면 스스로 깨우치고 풀어 나간다. 다만 아이가 동무와 다투고 나서 어떻게 하면 풀 수 있는지 도움을 바랄 때는 충고 말을 해 주면 된다. 충고해 줄 때는 먼저 어떻게 해서 다투었

는지를 또렷하게 알아내야 한다. 그런 뒤 서로 어떤 잘못을 했는지 깨닫게 해 주고, 그런 다음 어떻게 풀어가야 할지 스스로 방법을 찾아내게 해 주는 것이 좋다.

우리 현지 참을 수 있제

6학년 김현지

내 동생은 그래도 나를 잘 도와주고 챙겨 주는 편이다. 그런데 자꾸 짜증부터 내고 울려고 하는 습관이 있어서 싸우지 않고 그냥 넘어가는 날이 별로 없다.

하루는 내가 피곤해서 소파에 가만히 앉아 있었는데 동생이 오더니 괜히 심심해서 그런지 내 다리를 툭 걸치고 소파에 앉았다. 그러면서 내가 동생 발에 다리를 콱 맞았다.

"야, 아파 죽겠다."

동생은 아무렇지도 않은 듯 가만히 있었다. 그러고는 이번에 두 발 다 턱 올렸다. 이제는 안 그러겠다 싶어서 가만히 있었는데 이번에는 두 발로 통통거리며 발뒤꿈치로 내 무릎을 찼다.

"아! 이제 그만 좀 해라."

"알았다. 내 이제 안 그러잖아!"

"뭐 안 그래? 계속하면서……."

동생은 또 입을 삐죽거리며 울려고 했다. 더 이상 말다툼하기 싫어 씩씩거리며 방으로 왔다. 방에서는 엄마가 컴퓨터를 하고 있었다.

"엄마, 아라가 자꾸……."

"엄마는 다 안다."

엄마는 고개를 한 번 끄덕이고는 나를 안아 주면서,

"우리 현지는 이제 다 컸제? 엄마 다 알고 있다. 아라가 먼저 카는 것도 알고, 니가 왜 화났는지도 알고……."

"진짜?"

"그러엄! 우리 큰딸은 다 컸으니까 참을 수 있제? 엄마는 믿는데이!"

하고는 나갔다.

난 엄마가 한 말 때문에 이미 화가 다 풀려 버렸다.

✏️ 어머니는 동생과 다투어 마음이 몹시 상해 있는 아이의 마음을 잘 이해해 주고, 또 위로해 주면서 치켜세워 준다. 그러니 아이는 어머니에게 감동받아 화가 풀린다.

아이를 이해하려면 아이의 처지에서 생각해야 한다. 아이의 좋지 않은 감정을 받아들여 주고, 아이가 잘못했다 하더라도 위로해 주고 힘을 북돋워 주어야 한다. 그러면 아이는 부모를 믿고, 그 믿음은 아이가 살아가는 데 커다란 힘이 된다.

예를 들어 아이가 "엄마, 아라가 자꾸…….” 이런 말을 했을 때 "너는 언니가 되어 가지고 동생하고 똑같이 그러니? 언니 값 좀 해라." 이렇게 말한다면 아이를 이해하는 것이 아니다. 이 글에서처럼 "엄마는 다 안다." 이렇게 말해 주어야 이해하는 것이다. "엄마는 다 안다." 이 말에는 "동생이 자꾸 그러면 정말 짜증이 날 거야. 마음대로 한다면 한 대 콩 쥐어박고 싶기도 할 거야. 정말 속상하지?" 이런 뜻이 들어 있다. 이렇게 아이 마음을 헤아려 주어야 아이를 이해한다고 할 수 있다. 그리고 아이가 어떤 실수나 잘못을 해도 받아들이고, 이해하기 힘든 이야기를 해도 들어줄 수 있어야 한다. 아이가 무슨 말을 해도 미워하지 않고 올바른 사람이 될 것이라고 믿어 주어야 한다. 이렇게 믿어주면 아이들은 행복하게 잘 자란다.

늦게 깨워 줄 때

6학년 이수지

내가 아침에 학교를 일찍 가야 돼서 그 전날 밤에 엄마한테 여섯 시로 시계를 맞추어 달라고 한 뒤 잠을 잤다. 그런데 아침에 뭔가 이상한 느낌이 들어 빨리 일어나 시계를 보았다. 그런데 벌써 일곱 시가 다 되었다.

나는 나를 깨워 주지 않은 엄마한테 화가 나서 엄마가 자고 있는 데도 방문을 '똑똑똑' 두드렸다. 그런데 대답이 없어 더 화가 나 세 게 문을 두드리며,

"엄마!"

소리를 질렀다. 그러니 엄마가 방에서 나와 눈을 비비며,

"왜?"

"엄마! 내가 어제 시계 여섯 시로 맞춰 달라고 했잖아!"

"맞다! 엄마가 너무 피곤해서 그냥 잤다. 미안."

"아아, 진짜! 엄마 땜에 늦었잖아! 아아, 짜증 나!"

나는 엄마에게 화를 낸 뒤 화장실에 들어가 빨리 세수를 하고 부엌으로 갔다. 그러고는 또 짜증 내며,

"엄마 땜에 내 밥도 못 먹고 학교 가잖아!"

"미안하다. 그럼 빵 있는데 빵이랑 우유라도 먹고 가라."

"빨리 도!"

"엄마가 미안하다. 니가 이해 좀 해라. 엄마 어제는 많이 피곤했

단 말이야. 알겠제? 엄마가 진짜 미안. 그러니까 화 풀어라."

"알겠다! 다음부터는 늦게 깨우지 마라!"

"알겠다. 오늘은 엄마가 진짜 미안. 그러니까 화 풀고 짜증 내지 말고 기쁜 마음으로 학교 갔다 온나. 그리고 차 조심 하고!"

"학교 다녀오겠습니다."

별것도 아닌 일에 엄마에게 화내어서 미안하기도 했다. 그리고 내 마음 다 이해해 주는 엄마가 고맙다.

'엄마, 너무 화내서 미안. 그리고 고마워요, 내 마음 잘 알고 혼 안 낸 거.'

✏️ 아이는 늦게 깨워 주었다고 어머니를 원망한다. 여러 번 미안하다고 하는데도 그렇다. 여기서 어머니가 끝까지 참지 못하고 "내가 미안하다고 그랬는데 어디 자꾸 화를 내고 그래!" 이렇게 화를 버럭 내며 말했다면 아이는 어머니에게 화낸 것을 미안하게 생각하지 않았을 것이다. 아이가 부모에게 불만을 터트린다는 것은 그만큼 부모를 믿는다는 증거다. 그러니 특별한 일이 아니면 끝까지 아이를 믿고 마음을 이해해 주는 자세가 중요하다.

늘 순종만 하는 아이는 의지가 강한 아이로 자랄 수 없고 큰 인물도 될 수 없고 마음이 넓은 어른이 될 수도 없다. 자기 의지대로 살아갈 수도 없고 나약한 어른으로 자라기 쉽다. 아이가 부모에게 화를 내고 불만을 나타낸다는 것은 솔직하다는 증거다. 자기 의지의 표현이다. 그런 아이는 다른 사람의 마음도 헤아릴 줄 아는 사람으로 자란다.

13 아이를 보호하는 것은 부모의 의무

몸이 아플 때는 마음도 아주 약해진다. 혼자 가만히 누워 있으면 세상에 나 혼자 내동댕이쳐져 있다는 슬픈 생각이 들 때도 있다. 또 몸과 마음이 약해지면 누구에게 의지하고 싶어지기도 한다. 그럴 때 누가 옆에서 따뜻이 보살펴 주면 아주 고마울 뿐만 아니라 힘과 용기가 생긴다.

어른들도 그렇지만 아이들은 아플 때 더욱 외로워하고 슬퍼한다. 이럴 때 부모가 조금만 잘 돌보아 주면 아이들은 아주 감동하고 좋아한다. 아플 때는 무엇보다 관심을 보여 주는 것이 중요하다. 아이가 아플 때 부모가 이불을 따뜻하게 덮어 준다거나, 물을 마시고 싶을 때 때맞춰 물을 갖다 준다거나, 힘들게 약을 구해 와서 먹여 준다거나 하면 아이들은 크게 감동하고 고마워한다.

아플 때 관심을 기울여 주는 것 말고, 아이가 위험한 처지에 놓여 있을 때도 부모가 몸 아끼지 않고 아이를 지켜 주고 보호해 주면 아이들은 크게 감동한다. 예를 들면 아이가 놀이 공원에서 길을 잃었다면 아이나 부모나 모두 많이 놀랄 것이다. 그렇다고 애써 아이를 찾은 뒤에 부모가 화만 낸다면 아이는 더욱 놀랄 뿐만 아니라 실망도 더 많이 할 것이다. 부모가 아무리 아이를 사랑하는 마음에서 화를 낸다고 해도 아이는 실망감이 앞설 것이다. 이때 부모는 화를 내지 말고 온몸으로 아이를 힘들게 찾아다녔다는 표현을 해야 한다. 그리고 놀란 아이를 안정시키고 달래 주어야 한다. 그러면 부모에게 고마워하는 마음이 더 생기고 사랑도 더 느낄 것이다.

아이들이 아프면 돌보아 주고, 위험에 빠지면 지켜 주는 것이 부모의 당연한 도리이고 의무이겠지만 그렇게 못하는 부모가 뜻밖에 많다. 또 아이들은 부모가 자신을 잘 돌보아 주고 지켜 주어도 고마운 줄 모르는 경우도 있다. 그렇지만 아이들은 자라면서 언젠가는 부모의 사랑을 깨닫고 고마워한다. 그리고 부모가 자신을 희생해 가면서 아이를 돌보아 주고 안전을 지켜 주는 것이 쉬운 일이 아니라는 것을 깨달으면서 더욱 크게 감동받는다.

이렇게 감동받으며 자란 아이는 다시 남에게도 그런 마음을 베풀 수 있는 사람으로 커 나간다.

엄마의 간호

5학년 박소영

오늘 아침부터 머리가 무겁고 더웠다. 그리고 온몸이 뜨거웠다. 학교에 가니까 머리가 더 아팠다. 그래도 참을 수 있을 것 같아서 공부는 했다.

집에 오니 기침도 나왔다. 기침을 많이 해서 목도 아프고 머리도 아파서 아무것도 못 하고 그냥 누워만 있었다.

밤에 다시 씻고 누웠다. 엄마는 내 걱정을 해 주면서 이불을 따뜻하게 두 개나 덮어 주었다. 그런데 밤새도록 기침을 해서 목이 따갑고 울고 싶었다. 머리도 아프고 목이 너무 따가워서 물을 마시고 싶었는데 혼자 가기가 무서워서 그냥 침만 꿀꺽꿀꺽 삼키며 참았다. 그때 갑자기 엄마가 일어나는 소리가 들리더니 식당 불이 켜졌다. 그리고 우리 방 쪽으로 오는 소리가 들렸다. 나는 자는 척했다. 엄마는,

"소영이 기침 많이 하네."

걱정을 하면서 왔다.

"소영아, 소영아, 약 한 번만 먹자."

엄마는 나를 일으켰다. 나는 눈물을 닦고 일어났다. 여전히 머리가 무겁게 느껴지고 아팠다. 그래서 겨우 침대에 앉았다. 엄마는 부루펜 시럽을 먹여 주었다. 목이 아파 겨우 삼켰다.

"물 좀 마실래?"

"응."

내가 물을 마시고 싶어 하는 것을 엄마는 어떻게 알았는지 물을 갖다 줬다. 처음에는 목이 따가워 삼키기가 힘들었는데 물을 마시

고 나니 좀 괜찮아졌다.

자려고 누웠는데 잠이 잘 안 왔다. 계속 기침이 나왔다. 너무 괴로웠다. 엄마는,

"우리 소영이 기침을 많이 하네. 물 좀 더 먹을까?"

했다. 그러나 그 소리도 잘 들리지 않았다.

한 시간쯤 지나자 또 목이 따가웠다. 엄마는 어떻게 알았는지 또 침대로 물을 가져와 먹여 주었다. 계속 그렇게 들락날락거리면서 물도 먹여 주고 이마도 한 번씩 만져 주고 내가 차 버린 이불도 다시 덮어 줬다. 나는 엄마가 잠을 제대로 자지 못할까 봐 미안해졌다. 그래서 내일 빨리 나아야 할 것 같다는 생각이 들었다. 그래야 엄마가 걱정을 안 하고 나도 고생을 안 하니까 말이다.

✏️ 어머니가 오는 소리를 듣고 아이는 자는 척한다. 혼자 잘 견뎌 내고 있다는 의젓한 모습을 보이기 위해서 그렇게 했을 수도 있고, "일어나지 못할 정도로 많이 아프구나!" 하며 관심을 더 받을 테니 그렇게 했을 수도 있다. 그때 다 큰 것이 응석부리고 있다고 핀잔을 주어서는 안 된다. 더욱 감싸 안아 주어야 한다.

우산 한 개

5학년 황정수

비 오는 날이었다. 학교 차에서 내리니까 엄마가 있었다. 나는 엄마에게 뛰어갔다. 엄마는 쓰고 있던 우산을 나에게 주었다. 엄마가 어디 갔다 오는 길이어서 쓰고 있던 우산 하나밖에 없다. 그 우산을 아무 생각 없이 쓰고 있다 보니 엄마는 우산이 없는 것이다. 나는

얼른 엄마에게 우산을 주면서,

"엄마는 우산이 없네? 이 우산 써라."

그러니 엄마는,

"니 써라."

하면서 받지를 않았다. 요즘 황사가 많아서 비 맞으면 별로 좋지 않다. 그 생각을 하고 엄마에게 우산을 씌어 주었다. 그런데 엄마는,

"정수야, 엄마는 됐다, 니나 써라. 니는 아직 감기도 안 나았잖아! 비 맞으면 감기 또 시작한다."

이러며 또 나한테 넘겨주었다. 나는 마음 한쪽에서부터 찡해져 왔다.

'엄마는 비를 맞아서 너무 춥겠다. 엄마랑 꼭 같이 써야지.'

이렇게 생각하면서 엄마 얼굴을 슬쩍 한번 봤다. 그런데 엄마 얼굴에 닭살이 돋아 있고 어깨가 좁아져 있었다.

"엄마, 있잖아 우리 같이 쓰자."

"마 됐다."

나는 얼른 엄마의 눈치를 살짝 보다가,

"같이 써도 괜찮다."

이러면서 얼른 엄마 머리 위에 우산을 씌워 주었다. 엄마는 깜짝 놀랐다.

"엄마, 같이 쓰면 춥지도 않고 좋다니까. 이쪽으로 더 온나."

"마 됐다. 어른이 비 이거 좀 맞는다고 어디 죽나. 니나 이쪽으로 더 들어와. 비 맞는구만. 이쪽으로 더 들어온나."

"괜찮다."

나는 밖으로 자꾸 나갔다.

'우리 엄마는 나를 위해서라면 뭐든지 다 할 수 있을 정도로 나를 아끼는데 나는 엄마 말도 안 듣고 그랬구나.'

나는 우리 엄마가 너무 좋아서 손을 잡고 걸었다. 나는 엄마가 없으면 어떻게 살까, 싶은 생각이 들었다.

✎ 어머니는 비를 맞으면서도 아이는 비를 맞지 않게 하려고 우산을 열심히 씌워 준다. 그러자 아이도 어머니한테 우산을 같이 쓰자고 한다. 아이가 어머니 사랑을 느끼고 고마워하는 것을 알 수 있다. 아이들은 이런 작은 일에서 부모에게 감동받고 행복해한다.

버스 의자

6학년 윤호웅

지난 겨울 방학 때 있었던 일이다. 엄마는 그때까지도 허리가 아파서 대구 파티마 병원에 약을 받으러 갔다. 나도 따라갔다. 뭐 살 것도 있고 대구에 한번 가 보고 싶어서이다.

아침 아홉 시에 대구로 가는 버스를 탔다. 헐티재를 넘어 용계동을 지났다. 대구은행 본점까지 갔다.

거기서 내려 시내버스를 탔다.

"엄마, 버스 타고 몇 분 가야 돼요?"

"한 사십 분 가야 된다."

"아이고 지겨워라. 택시 타고 가요."

"택시 타고 가마 돈이 억수로 많이 나온다."

할 수 없이 시내버스를 타고 갔다.

말이 끝나자마자 버스가 왔다. 버스를 타긴 탔는데 앉을 자리가 하나도 없었다. 아니 설 자리도 변변치 않았다. 정말 죽을 것 같았다. 이리 밀리고 저리 밀리고, 앞쪽에 서 있어서 사람들이 탈 때마다 계속 떠밀렸다. 어떤 아줌마 엉덩이에 밀리고 어떤 아저씨 다리에 걸리고…….

나는 겨우 의자 손잡이를 잡았는데 한 번 뒤로 밀렸다가 다시 손잡이를 잡으려고 하니까 이미 다른 사람들이 손을 잡고 있었다. 정말 짜증이 났다. 균형을 잡고 서 있으니까 브레이크를 잡을 때마다 앞으로 픽 꼬꾸라졌다. 겨우 다른 사람이 앉아 있는 의자를 잡고 고개도 못 들고 있었다. 엄마는 바로 옆에서 손잡이를 잡고 섰다. 그렇게 약 이십 분쯤 갔다. 이제는 속까지 막 울렁거렸다. 사람이 조금씩 더 많이 내려야 되는데 한 명 내리고 두 명 타고 한 명 내리고 세 명 타서 오히려 사람이 더 많아졌다. 이제는 발 디딜 틈도 없었다.

"엄마, 나 지금 죽겠다. 택시 탔으면 됐지."

짜증을 내니까 어머니는,

"그래, 내가 잘못했다. 택시 타마 돈 많이 들어간다고 그랬더니만. 쪼매만 더 가마 된다. 좀 참아래이."

엄마는 내게 애원하듯이 눈을 찌푸리며 말했다.

"아이시이, 속까지 우글거려 죽겠다. 엄마, 여기서 좀 내리뿌자. 어이고 참!"

더 짜증을 냈다. 엄마가 원망스러운 듯이 일부러 짜증을 더 냈다. 엄마는,

"엄마도 지금 허리 아파 죽겠다."

낮은 목소리로 눈을 지긋이 감으며 말했다.

그때 이 소리를 들었는지 의자에 앉아 있던 어떤 총각이,

"아주머니, 여기 앉으이소."

하며 의자를 양보해 주는 것이었다. 어머니는,

"아이고, 고맙심데이."

했다. 어머니가 앉을 자리여서 그런지 나는 별로 좋지도 않았다. 그런데 엄마가,

"웅아, 니 여 와서 앉아라."

하는 것이다. 나는 아무 생각 없이 '얼씨구나.' 하고 앉았다. 앉으니까 확실히 편했다.

엄마는 다른 사람이 나한테 와서 떠밀지 못하게 내 앞 의자 손잡이와 내 의자 손잡이를 잡고 딱 막고 있는 것이었다. 처음에는 그런 건지 몰랐는데 그렇게 생각해 보니까 정말 가슴이 뜨끔해지는 듯했다. 정말 눈물이 막 나오려고 했다. 허리 아픈 어머니가 나 때문에 이렇게 서 있는 것만 같았다. 내가 정말 너무 미안했다. 그 생각이 들자 의자가 가시방석 같았다.

'내가 괜히 따라와 가지고…….'

이런 생각이 들었다.

이렇게 좀 앉아 있다 보니 도저히 서 있는 엄마를 그냥 둘 수는 없었다.

"엄마, 나 이제 괜찮아예. 사람도 많이 없는데 여기 앉으이소."

정말 너무 미안해서 어머니께 고개도 못 들고 말했다.

"뭐 다 왔는데. 사람이 좀 내려서 그런지 개안타. 나는 앉으마 허리 더 아프다."

버스 의자에 앉아 가는데도 나는 다리가 부들부들 떨렸다.

'아까 나는 짜증만 냈는데…….'

정말 할 말이 없다. 그냥 있으려니까 마음만 더 아파서 억지로라도 앉혀야겠다는 각오가 섰다.

"엄마, 여 앉으이소. 속도 가라앉았고, 앉아 있으니까 답답해가 못 있겠다."

하면서 어머니 팔을 잡아당겨 의자 있는 데로 살짝 밀었다. 어머니께서는,

"야가 와 카노."

하며 앉았다. 나는 뭐라 말할 수 없이 기분이 좋았다. 어머니가 앉아 있는 것을 보니까 발바닥에 박혀 있던 가시가 쏙 빠지는 것 같았다.

나는 그 옆 의자 손잡이를 잡고 있었다. 사람이 많아서 쪼들리긴 했지만 서 있는 게 더 편했다. 한참 서 있으니까 다리가 찌릿찌릿하면서 뻐근했다. 그래도 어머니가 편하게 앉아 있는 모습을 보고 꾹 참았다.

✎ 아이는 처음에 버스 자리가 없어 불평을 한다. 그러나 자리에 앉아 제가 편안해지니까 그제야 아픈 어머니가 서 있는 모습이 눈에 들어오고, 어머니에게 미안한 마음도 생긴다. 이런 경험이 쌓여 나중에 자라면 부모를 생각하는 마음이 깊어진다.

아빠, 안 추워요!

6학년 배상진

한겨울이었다. 소가 남은 겨울에 먹을 짚을 실로 갔다. 바로 의성 안계다. 작년에도 그곳에 가서 짚을 싣고 왔다. 그래서 내가 잘 안다.

"아빠, 아빠, 나도 따라갈래. 집에 있어 봤자 심심하고 따분하단

말이야."

"니 거기에 가자마자 감기에 걸린데이. 니 또 추워서 일도 제대로 못 한다. 집에 있거라."

아빠는 나를 못 가게 했다. 그래도 그런 경험을 해 보는 것도 좋겠다고 생각했다. 새벽에 가서 밤늦게 와도 나는 꼭 따라가려고 떼를 썼다. 결국에는 아빠가 승낙을 했다. 그래서 과자도 좀 사고 음료수도 조금 사 놓았다.

'띠띳 띠딧 띠딧 띠딧……'

알람 시계가 세 시를 가리키고 있었다. 엄마가 일어나 아빠를 깨웠다.

차에 고무 바를 싣고 떠났다. 한숨 자고 일어나니 벌써 의성 안계다. 차창 밖을 보니 하얀 눈이 조금씩 내리고 있었다. 차 안에는 히터 바람이 나와 따뜻했다. 논길에서 큰아빠랑 사촌들과 만나기로 되어 있었다. 우리가 일할 곳으로 갔다. 이미 다 와 있었다. 그곳에는 짚도 이미 네모나게 묶여 있었다. 그러니 차에 싣기만 하면 된다. 그래도 차가 석 대에다가 5톤 차에도 실어야 하지, 앞이 캄캄했다. 그래도 아빠를 따라왔으니 어쩔 수가 없다.

안산 큰아빠 차에부터 싣기 시작했다. 형들하고 어른 수를 따지면 아홉 명이다. 그래서 안산 큰아빠하고 우리 아빠하고 이서 큰아빠하고 한 차를 싣고 나랑 경덕이 형이랑 영상이 형, 동열이 형, 동제 형, 공제 형 이렇게 여섯 명이 한 차를 싣기로 했다. 영상이 형과 동열이 형은 차 위에서 재고 우리는 던졌다. 짚 묶음이 무거운 것은 30킬로그램 정도 나간다.

반쯤 실었다. 경덕이 형도 지쳤다. 공제 형은 점심으로 먹을 라면을 사러 갔다. 어른 쪽에는 다 실은 것 같았다. 내가 낑낑거리며 하고 있으니까 아빠가 왔다.

"봐라. 춥고 배고픈데 말라꼬 따라왔노. 춥다, 카라 딱 세우고 목도리 두르고 모자도 써라."

그러면서 목도리와 장갑, 빵모자도 주었다. 그런데 아빠는 걸어가면서 오돌오돌 떠는 것 같았다. 그래서 목도리만 두르고 장갑하고 빵모자는 돌려주기로 했다.

"아빠! 아빠! 나 안 춥다. 자, 빵모자 쓰고 손 시러우니까 장갑도 두 개 껴라."

"아빠는 차에 가마 다 있다. 우리가 있는 논보다 너거 있는 쪽이 눈 더 내린다 카더라. 니나 해라."

"나는 목도리로 얼굴, 목 다 가릴 수 있단 말이야. 자, 받아라!"

아빠가 받는 순간 나는 우리 일터로 달라뺐다.

드디어 점심시간이 되었다. 공제 형이 사온 라면을 끓여 먹기 시작했다. 바람하고 눈을 피하기 위해서 차 옆에 자리를 잡았다. 그리고 짚단으로 가려서 바람이 안 들어오게 했다. 그리고 버너에다 물을 얹었다. 라면과 커피는 동열이 형과 내가 맡았다. 물이 보글보글 끓었다. 라면 열 개를 넣었다. 배에서는 꼬르륵꼬르륵 하는 소리가 났다.

어른들을 불렀다. 라면 먹을 자리 옆에 짚단에 불을 지폈다. 엉덩이도 녹이고 손도 녹이고 몸을 녹였다. 아빠도 걸어오고 있었다.

"아빠, 불 옆에 앉아서 라면 먹어라, 춥다."

"니도 요기 앉아라. 추울 때는 불 째 가미 일해야 된다."

나는 아빠 바로 옆에 딱 붙어 앉았다. 아빠하고 오붓하게 앉아서

'후르륵후르륵' 맛있게 먹었다. 콧등이 시렸다. 아빠는 면은 조금 먹고 국물을 많이 마셨다. 뜨끈한 국물이 면보다 더 맛있었다. 아빠는 국물을 나한테 부어 주었다.

"아나, 국물이라도 많이 먹어야 덜 춥지. 쭈욱 마시라."

"아빠나 더 먹어라. 나는 별로 안 춥다 안 카나."

"니는 와 따라와 가지고 고생을 하노. 따라오지만 않았어도 고생은 안 하지."

아빠가 내 대지비에 국물을 붓고 나니 라면 찌꺼기만 남았다. 아빠는 찌꺼기도 '후후' 하며 먹었다. 배가 무척 고픈 것 같았다. 어쨌거나 아빠는 내가 안 춥도록 라면 국물 한 모금이라도 더 먹이려고 했다. 이런 아빠가 있기에 나는 든든했고 하나도 안 추운 것 같았다.

우리는 저녁 일곱 시가 넘어서야 일을 마쳤다. 그래서 오다가 기사 식당에서 김치찌개와 밥을 먹고 왔다. 아빠는 점심때 나 때문에 라면을 제대로 먹지 못했다. 그래서 아주 맛있게 먹었다. 나는 점심때 아빠가 주는 라면 국물 덕에 배가 별로 고프지 않았다. 그래서 내가 먹던 밥을 아빠한테 넘겨 줬다. 아빠는 처음에는 안 먹다가 내가 자꾸 떠미니까 먹었다.

나는 기분이 좋았다. 나는 이런 우리 아빠가 좋다.

✎ 아버지는 아들을 보호하려고 목도리와 장갑, 빵모자까지 아이에게 주고, 아이는 또 아버지에게 돌려준다. 서로 불 지펴 놓은 옆에 앉으라고 권하고, 라면 국물을 서로 많이 먹으라고 부어 준다. 참으로 정겹다. 아무리 살기가 어렵다 하더라도 이런 부모와 자식 사이라면 행복하다.

14 아이가 도움을 필요로 할 때

아이에게 공부를 가르쳐 주다 아이가 잘 모를 때 손부터 먼저 올라간다는 부모가 참 많다. "야, 이 바보야. 그것도 몰라!" 이러며 손으로 머리를 쿡 쥐어박는다. 가르치는 사람이 기대하는 만큼 아이가 잘 따라오지 못하니까 속이 상해서 그럴 테다.

그러나 대부분 부모들은 아이를 생각해서라기보다 귀찮으니까 꾸중하고 속상해한다. 하는 일도 바쁘고 피곤할 때 아이가 가르쳐 달라고 하면 처음부터 짜증을 내거나, 처음에는 친절하게 가르쳐 주는 척하다가 조금만 시간이 걸리면 그만 화를 내고 만다.

아이들은 어려운 일을 할 때 버릇없이 엉뚱한 행동을 하기도 한다. 부담이 되어 도와 달라는 말을 못 하기 때문이다. 이런 아이는 도와 달라고 했다가 꾸지람을 들은 경험이 있다. 그래서 모른다고 꾸중 듣거나 조롱받기보다는 엉뚱한 행동을 해서 벌받는 쪽을 고른다. 이럴 때는 어른이 얼른 알아채고 기꺼이 도와주는 것이 좋다.

아이들이 잘 모를 때는 아이 수준에 맞추어 이해하기 쉽게 차근차근 일러 주어야 한다. 그러면 아이들은 바로 깨닫고 고쳐서 행동한다. 물론 아이들은 올바로 이해하고 난 뒤에도 깜빡 잊고 전에 하던 대로 하기가 쉬운데 그때마다 귀찮아하지 말고 일깨워 주면 된다.

그것이 어른이 할 일이다.

아이들은 질문도 많이 하는데, 아이의 질문은 아주 중요하다. 무엇이나 알고 싶어 하는 호기심이 있어야 숨어 있는 가능성이 끊임없이 발전하고 머리도 발달한다. 엉뚱한 질문을 한다고 꾸중을 한다든지, 자라면 저절로 다 알 수 있는 것을 왜 질문하냐고 핀잔을 주면 그런 싹을 밟아 문지르는 것과 같다. 아주 친절하게 말하기가 귀찮으면 아이가 말할 때 "응." "그래." "그렇지." "맞아." 이렇게라도 대답하며 관심을 보여 주어야 한다. 그렇게만 반응해도 아이들은 스스로 묻고 답도 곧잘 찾아낸다. 그리고 "그건 왜 그럴까?" "엄마는 잘 모르겠는데 네가 말해 주겠니?" 하면서 아이들의 생각을 자극해 주면 아이들은 더욱 쑥쑥 자란다.

숙제 할 때

5학년 김미연

자동차에 대해 조사하는 숙제가 있었다. 그래서 나는 저녁에 인터넷에서 찾아보았다. 자료 찾기가 너무 힘들었다. 오늘은 아빠가 피곤해서 일도 안 하고 쉬고 있었다. 나는 쉬고 있는 아빠를 귀찮게 하기가 싫었다. 그래서 더 찾아보았다. 그러나 내가 찾는 자료는 없었다. 그래서 아빠에게 도와 달라고 할까 말까 망설였다.

뉴스를 보고 있는 아빠에게 갔다. 나는 조심스럽게 말했다.

"아빠, 내 숙제 해야 되는데 자료 찾기가 힘들어요."

아빠가 우리 방으로 왔다. 나는 의자를 한 개 더 가지고 아빠 옆에 앉았다.

"미연아, 뭐 찾아야 되는데?"

나는 숙제를 가르쳐 주었다. 아빠가 인터넷에 들어갔다. 그리고 같이 찾아보았다. 완벽한 자료는 아니지만 그중에서도 좋은 자료들을 골라 모았다. 그러니 좋은 자료가 많이 모인 편이었다. 나는 아빠에게 미안하였다. 귀찮아도 나에게 도와주어서이다. 아빠가 도와주지 않았다면 자료를 제대로 찾지도 못했을 것이다.

나는 자료를 바탕으로 보고서를 썼다. 그러니 에이(A)4 3면이 꽉 찼다. 그런데 프린트를 하려고 보니 프린트기가 고장 나 있다. 또 걱정이 생겼다. 내가 걱정을 하고 있으니까 아빠가,

"미연아, 이 자료 인쇄해야 되나?"

하고 물었다.

"해 가야 되는데 프린트기 고장 나서 안 돼요."

아빠는 쉬지도 못하고 또 날 도와주었다. 아빠는 열쇠를 들고 사

무실에 갔다. 나도 디스켓을 들고 아빠를 따라갔다. 사무실이 우리 집이랑 가까워서 좋았다.

문을 열자 나는 바로 컴퓨터를 켰다. 아빠는 열쇠를 빼고 기다려 주었다. 나는 되도록 빨리 하였다. 그러니 아빠가,

"미연아, 천천히 해라."

하고 말했다. 나를 안심시켜 주려고 한 말이다.

석 장을 뽑았다. 그러고 나니 마음이 놓였다. 아빠가 호치키스로 꼭 찍어 주었다. 나는 기분 좋게 집에 왔다.

내가 미리 숙제를 안 해서 아빠를 괴롭혔는데도 아빠는 싫다는 소리 한 번 안 하고 도와주었다. 나는 그런 우리 아빠가 정말 자랑스럽다. 나 같았으면 짜증을 내도 여러 번 냈을 것이다.

✎ 피곤한 아버지한테 도와 달라는 소리 하기가 쉽지 않다. 그래서 아주 조심스럽게 도와 달라고 했는데 "야, 임마. 왜 숙제를 제때 안 하고 귀찮게 해! 맨날 놀기만 하더니, 잘했다!" 이렇게 잔소리를 늘어놓는다든지 "내가 너 때문에 미친다, 미쳐." 이렇게 아주 좋지 않은 말로 뭐라고 하면, 아이의 마음은 어떨까? 너무나 미안해 어떻게 해야 할지 모를 것이다. 그러나 미안해하기는 하지만 아버지를 믿고 기댈 수 있는 듬직한 산처럼 여겨지는 않을 것이다.

그런데 이 아이의 아버지는 아이가 자료를 찾도록 기꺼이 도와준다. 아이는 또 미안한 마음에 급하게 자료를 인쇄하려고 한다. 이때 아버지는 느긋하게 "미연아, 천천히 해라." 하며 마음을 진정시켜 준다. 그뿐 아니라 호치키스로 프린트한 것을 꼭 찍어 준다.

이런 아버지를 보면 믿음과 사랑이 감동으로 와 닿을 것이다. 다

음부터는 숙제를 늦게 해서 아버지를 귀찮게 하는 일도 거의 없을 지도 모른다. 또 이런 아버지가 든든하게 버티고 있으면 힘들고 어려운 일도 거뜬히 헤쳐 나갈 수 있을 것이다.

모르는 문제

6학년 권효진

저녁에 문제집에 있는 문제를 풀고 있었다. 사고력 문제로 넘어가니 계산하기가 어려워졌다. 다른 문제는 할 수가 있겠는데 문제 하나가 잘 풀리지 않았다. 그래서 엄마에게 물어보기로 했다.

"엄마, 이 문제 어떻게 풀어야 되는지 모르겠는데 좀 가르쳐 주세요."

그러니 엄마는,

"엄마 지금 설거지하고 있으니까 조금 있다가 가르쳐 줄게. 그 동안 다른 문제 풀고 있어라."

하고 말했다. 그러나 문제집에서 오늘까지 풀어야 하는 부분을 다 해서 다음 문제는 풀기가 싫어졌다. 그래서 텔레비전에 푹 빠져 있는 아빠에게 갔다.

"아빠, 이 문제 모르겠는데 좀 가르쳐 주세요."

그러니 아빠는,

"보자. 어떤 문제 못 풀겠노?"

하며 문제집을 보았다. 나는 문제를 손가락으로 가리켰다.

"아아, 이거? 계산기 갖고 와 봐라."

나는 서랍장 구석에 있는 계산기를 아빠에게 갖다 드렸다.

"아빠, 계산기만 있으면 계산할 수 있어요?"

"그냥 계산해도 답이 나오기는 하는데 계산이 복잡해서 정확한지 알 수가 없잖아. 그래서 계산기로 하는 거야."

아빠는 계산기로 '삐삐 삐 삐삐삐 삐 삐' 하더니 무릎을 탁 쳤다.

"아, 맞다! 역시 이게 맞았네, 한참 동안 안 해서 까먹었는데."

나는 아빠에게 찰싹 달라붙었다.

"아빠, 문제 다 풀었어요? 나는 안 되던데 어떻게 푸는지 가르쳐 주세요."

"연습장이나 못 쓰는 종이 갖고 와 봐라. 계산 방법 가르쳐 줄게."

나는 빨리 방에 가서 책꽂이에 있는 연습장을 가지고 아빠에게 갔다. 아빠는 연습장을 펴더니 연필로 식을 적으면서 설명을 했다.

"이 도넛 모양의 원기둥 부피를 알려면 이 큰 원기둥에서 작은 원기둥을 빼면 되는데 부피 구하는 공식이 '반지름×반지름×3.14×높이'니까 이 큰 원의 부피를 구해서 작은 원의 부피를 빼면 답이 나오는 거야."

나는 저절로 입가에 웃음이 번졌다. 너무 신기하기도 했고, 문제를 풀게 되어서 너무 좋았다. 또 아빠가 자상하게 가르쳐 주어 너무 좋았다. 앞으로도 아빠에게 많이 가르쳐 달라고 해야지.

✎ 아이가 모르는 문제를 물어볼 때는 이렇게 친절하게 끝까지 가르쳐 주어야 한다. 그러면 아이는 부모에게 감동받아 더 열심히 공부한다. 아이에게 친절하게 가르쳐 주는 것은 아이를 사랑하는 마음의 표현이다. 그것을 아이들은 잘 안다. 그래서 아이들은 새로운 것을 깨달아 가는 기쁨도 맛보고 마음도 안정을 찾는다. 나아가 공부할 때 집중도 잘 되고 깊이 생각하는 힘도 생긴다.

그런데 아이의 호기심을 자극하고 스스로 풀어내는 힘을 길러 주려면 무조건 친절하고 자상하게 가르쳐 주기만 하면 안 된다. 자세히 가르쳐 주기 전에 아이가 먼저 생각할 수 있는 기회를 주어야 한다. 스스로 생각하게 해 주고, 그래도 잘 모를 때는 생각할 수 있도록 조금씩 도와준다. 아는 것은 아는 만큼 스스로 풀어 보게 하고, 모르는 것은 조금씩 알아갈 수 있게 해 주면 다음에는 아이 스스로 문제를 풀 수 있는 힘이 생긴다. 이렇게 될 수 있는 대로 아이 자신이 스스로 문제를 풀어 나갈 수 있도록 해 주어야 한다. 그러면 아이는 스스로 문제를 풀었다는 기쁨을 느끼고 자신감도 얻는다.

아이가 문제를 잘 풀었을 때는 칭찬해 주는 것이 좋다.

"그것 봐! 네가 풀었잖아! 잘했어!"

이렇게 칭찬도 해 주고, 몸짓으로든 진심 어린 말로든 관심과 사랑을 표현해 주면 더욱 좋다.

가끔 부모도 잘 모르는 문제를 아이가 물어볼 수도 있다. 이럴 때는 부모가 모른다는 것을 솔직하게 말하고 교과서나 참고서를 같이 찾아보거나 아이가 다른 사람에게 물어보게 해서 문제 해결 방법을 찾아내도록 도와주는 게 좋다.

또 아무리 가르쳐 주어도 아이가 잘 모를 때가 있다. 이때 부모들은 화가 나기 쉬운데, 아이가 아무리 몰라도 화를 내거나 벌을 주지 말아야 한다. 모르는 것은 잘못도, 죄도 아니다.

라디오

5학년 김현지

내가 빨간펜이 많이 밀려 있어 빨간펜 공부를 좀 하려고 카세트 라디오를 내 책상 위에 얹었다. 문제를 풀다가 테이프를 들어야 하는 문제가 나오면 틀어서 테이프를 돌려서 듣곤 했다.

열심히 잘 듣고 있을 때 동생이 나에게 아이스크림을 주려고 뛰어오다가 그만 줄에 발이 걸려 넘어졌다. 우당탕 소리와 함께 말이다.

"아라야, 괜찮나?"

"언니야, 자, 아이스크림."

덕분에 아이스크림은 잘 먹었지만 카세트 라디오가 책상 밑으로 떨어져서 괜찮은지 모르겠다. 동생은 가고 다시 재생 단추를 눌렀다. 그런데 그 단추가 떨어지고 카세트는 소리가 안 들렸다. 고장이 난 것 같았다.

"아이 씨, 아까 떨어진 거 때문에 고장 났잖아. 어떡하지?"

내가 고쳐 봐야 되겠다는 생각에 좀 만졌더니 더 심각하게 고장 나 버렸다. 단추가 라디오 속으로 들어간 것이다. 어쩔 줄을 몰랐다.

그때 아빠가 회사에서 돌아오셨다.

"아빠, 내 카세트 고장 났어요. 좀 고쳐 줘요."

"어 알았다. 아빠 좀 씻고."

아빠가 씻을 동안 문제집 뒷면을 먼저 공부하고 있었다.

"현지야, 라디오 어딨노?"

"여기. 단추는 카세트 안으로 들어갔고, 소리도 잘 안 나요."

아빠는 내 말을 듣고 카세트 라디오를 유심히 보더니만 고치기 시작했다. 손으로 라디오 구멍에서 단추를 빼내 다시 원래대로 고정시켰다. 그런데 다시 쏙 들어가고 마는 것이다. 아빠는 다시 빼려고 애썼다.

"아!"

"아빠, 왜?"

"아이다."

아빠의 손을 보니까 카세트 라디오 구멍 테두리에 살짝 긁힌 것 같았다. 껍질이 하얗게 까져 있었는데 서서히 피가 흘러나왔다. 아빠가 그 손가락을 움켜쥐고 주먹으로 카세트 라디오를 한 대 퍽 때렸다.

"좀 있다 다시 한 번 틀어 봐라."

틀어 보았다. 어? 소리가 더 또렷하게 잘 들렸고, 단추도 더 이상은 빠지지 않았다.

"이제 됐제?"

"예."

"공부해라."

아빠는 손가락을 움켜쥐고 화장실로 들어가 피를 씻어 내고 약을 바르고 난 뒤 밴드를 감았다. 아무리 아픔이 없는 아빠라도 이땐 조금 아팠던지 치료하면서 "아아." 소리까지 내었다. 아빠한테 미안해서 내 얼굴이 빨개졌다.

아빠가 나 때문에 상처가 나서 미안하기도 하지만, 라디오를 고쳐 줘서 정말 고맙다. 아빠가 있어 정말 마음이 든든하다.

✎ 힘들게 일하고 집에 왔는데 아이가 이렇게 도와 달라고 하면 짜증 내기 쉽다. 거기다 카세트 라디오를 고치다 손가락까지 다치면 더욱 화를 내고 잔소리를 하기 일쑤다. "뭐 한데 고장은 내어 가지고 사람 애먹이노!" 이렇게 말이다. 그러면 아이는 주눅이 들어 다음부터는 도와 달라고 하고 싶어도 말을 못 한다. 더구나 소심한

아이는 혼자 끙끙 앓기만 할 것이다. 무슨 일을 해도 자신감 있게 잘해 나가기가 어렵게 될 수도 있다.

이 글을 보면 손가락을 다쳐 가며 라디오를 고쳐 주는 아버지를 보면서 아이가 얼마나 고마워하는지 잘 알 수 있다. 아버지에게 미안해하는 마음도 글에 잘 나타나 있다. 아이는 깊이 감동해서 공부도 더욱 열심히 할 테고, 아버지에 대한 믿음도 한결 더 굳어졌을 테고, 사랑도 더욱 깊어졌을 것이다.

그런데 아버지가 손가락을 다쳤을 때 아이가 미안해하는 마음이 너무 커 죄의식에 사로잡히는 것도 좋지 않다. 그러지 않도록 아버지가 어떤 표현이든 해 주어야 한다. 웃어 보인다든지, "괜찮아, 걱정마. 약 바르면 금방 나을 거야." 하고 따뜻하게 대해 주면 좋겠다.

헌금은 좋은 데 써야지

6학년 박수빈

일요일에 교회에서 집으로 가는 길에 운전하는 아빠에게 말을 걸었다.

"아빠, 우리 어린이 성가대 있잖아."

"그래. 왜?"

"우리 있잖아. 어린이 성가대 수고했다고 우리한테 한 달에 5만 원씩 주는데 그걸 선생님이 우리 겨울 방학 때까지 모아 두었다가 나중에 영화 보고 회식하기로 했다. 너무 기대되더라."

활짝 웃으며 이렇게 말하니까 아빠가 운전하다 차를 세워 나한테 말했다. 그래서 나는 아빠 가방을 멀거니 보며 뚜껑만 열고 닫았다.

"수빈아, 그런데 그 주는 돈 5만 원은 우리 교회 사람들이 헌금으

로 낸 돈을 너희한테 조금씩 주는 건데 그 헌금 가지고 영화 보면
어떡하노?"

"그거 다 사람들이 돈 낸 거를 우리한테 주는 거란 말이가?"

"그래. 몰랐나? 그러니까 그 돈 가지고 너희들 노는 데 쓰지 말고
고아원 아이들 선물 사 주든가 그런 데 써야지. 그 헌금을 좋은
데 안 쓰고 너희들 노는 데 쓰면 말이 안 되지."

"아, 그래. 내가 생각해도 그 말이 맞다. 그러니까 성가대 선생님
한테 말할게."

"아니, 말하지 말고 니가 그렇게 알고 있으라고. 아빠는 그냥 니
한테 그거에 대해서 좋은 길로 가르쳐 주는 거니까."

"……."

나는 계속 아빠 가방 뚜껑을 열고 닫으면서 아빠를 쳐다보았다.
그러고는 할 말이 없어 고개를 푹 숙였다.

"너희들 성가대가 수고하긴 하는데 그거는 헌금으로 주는 돈이기
때문에 아빠 생각에 좋은 데 쓰는 것이 좋겠다는 말이지."

"알았다."

아빠는 다시 운전을 하였다. 나는 다시 고개를 들어 밖을 내다보
았다.

'맞다. 헌금으로 주는 돈인데 좋은 데 써야지, 노는 데나 쓰면 조
금 그렇기는 하다. 아빠 말대로 그거를 고아원에 가지고 가든지
해야겠다.'

✎ 아이들 마음으로는 상금을 마음대로 쓰도록 허락받은 셈이
니까 그렇게 쓰고 싶어 하는 것이 당연하다. 그렇게 해도 누가 나무

랄 수는 없다. 하지만 그게 아니란 것을 이렇게 친절하게 잘 알아듣
도록 설명해서 깨닫게 해 주는 아버지가 참 훌륭하다. 아마 아이는
아버지의 그런 높은 생각을 아주 존경할 것이다. 그리고 마음속으
로 아버지가 하는 어떤 말도 믿고 따르겠다는 다짐도 했을 것이다.

아이가 잘못한 것을 깨우쳐 줄 때는 진지하게 말해야 하지만 권위
의식을 너무 내세워 주눅 들게 하는 것은 좋지 않다. 아이가 모르는
것을 친절하게 가르쳐 주고, 깨닫지 못한 것을 깨닫게 해 주고, 힘
겨운 일을 도와주면 하던 일을 포기하거나 지쳐 쓰러지지는 않을
것이다. 그것이 튼튼한 버팀목이 되어 아이는 더욱 힘차게 살아갈
것이다.

15 선물과 용돈을 어떻게 줄까?

우리가 어릴 때 어른한테 받는 선물이라고는 일 년에 두 번, 설과 추석에 얻어 입는 옷이나 양말, 신발이 전부였다. 명절이 아닌 때도 옷이나 신발 같은 것을 선물로 받기도 했지만 자주 있는 일이 아니었다. 요즘처럼 물건이 흔하지도 않고, 가정 형편도 좋지 않았기 때문에 요즘과 달리 생활에 꼭 필요한 것만 선물로 받았다.

나는 그 시절에 농촌에서 살아서 용돈은 아예 받을 생각도 하지 못했다. 그러니까 용돈으로 군것질하는 일은 거의 없었다. 집에서 심어 거둔 고구마, 감자, 감, 옥수수 같은 것들이 군것질거리였다. 그래도 소풍 가는 날에는 사탕 사 먹으라고 주는 용돈을 조금 받기는 받았다. 친척 어른들이 집에 오면 뜻밖에 용돈을 받기도 했지만 곧 어머니에게 빼앗기고 말았다.

요즘은 참으로 많이 달라졌다. 조금만 뜻있는 날이면 부모들은 아이에게 선물을 한다. 초등학교 아이들에게 용돈을 주는 부모도 많다. 그만큼 아이들이 선물이나 용돈을 주는 부모를 고맙게 생각하는 마음도 엷어지고 있다. 그래도 선물과 용돈을 받을 때 아이들은 참 기뻐한다.

선물을 주는 사람은 특별한 사랑을 담아 주고, 받는 사람은 그 특별한 사랑을 받는다. 그리고 받은 사람은 다시 그 사랑을 돌려주고 싶어 한다. 선물은 꼭 큰 것만 좋은 것이 아니다. 자그마한 물건이라도 그 속에 정성과 사랑과 큰 뜻을 듬뿍 담아 하면 된다. 받는 사람이 아주 오랫동안, 아니 영원히 소중하게 품을 수 있는 선물이 더 좋다. 어떤 책에 보니까 선물에 이런 종류가 있다. 자연의 선물, 행복한 경험, 기대어 울 수 있는 어깨, 함께 보낼 수 있는 귀중한 시간 같은 것이다. 중고품, 재활용품, 손으로 만든 물건 같은 것도 있다.

요즘 아이들은 용돈에 대해서도 무척 신경을 쓴다. 용돈의 많고 적음으로 사랑의 척도를 가늠하지나 않을까 걱정도 된다. 그러나 용돈도 잘 주면 아이를 감동시킬 수 있다. 어차피 용돈을 준다면 적든 많든 그냥 뜻 없이 줄 것이 아니라 아이가 떳떳하게, 그리고 고마운 마음으로 받을 수 있는 근거를 마련해 주는 것이 좋다.

크리스마스 선물

5학년 김현지

작년 12월, 내 생일 지나고 크리스마스 때다.

"크리스마스 선물로 뭐 줄꼬? 니는 뭐 갖고 싶노?"

엄마와 아빠는 우리에게 뭘 선물로 줄지 자꾸 물었다. 그래서,

"나는 아무거나."

하고 대답했다. 내 동생은,

"나는 공주 화장 인형하고 바비 인형하고 책하고 다이어리하고."

이렇게 말이 술술 잘 나왔지만 나는 왠지 말이 잘 나오지 않았다. 이 세상 모든 것 다 갖고 싶은 마음인데 고르라고 하면 늘 무엇을 고를지를 몰랐다.

잘못하면 크리스마스 선물 못 받을지도 모른다는 생각에 아무거나 하나 싶었다.

"엄마, 나 책 사 줘."

"책? 무슨 책? 책이야 많이 사 줄 수는 있는데, 니 또 햄스터에 대한 책이제?"

"그것도 갖고 싶지만 이번에는 아니고, 내가 신문에서 봤는데 로미오와 줄리엣이라는 만화가 세 권까지 있는데 그거 왠지 재미있을 것 같아. 그거 사 줘."

"그런데 지금 비 오는데 그 책 사러 우예 가노?"

엄마의 그 한마디를 들으니 이번 크리스마스 선물은 받지 못할 수도 있겠다는 생각이 머리를 스쳤다. 그와 함께 갑자기 실망감이 들었다.

누워 이불을 뒤집어쓰니까 눈물이 찔끔 나왔다. 혹시나 엄마가 선

물 사러 가지 않을까, 살짝 보아도 자고 있다. 그러다가 나는 안 받아도 돼, 이렇게 마음먹고 이불을 푹 덮어쓰고 잤다.

자고 일어나니까 크리스마스 날 아침이다. 혹시나 하는 마음으로 크리스마스트리 밑을 보니까 선물이 있었다. 그런데 선물이 하나밖에 없는 듯했다. 한마디로 내 동생 선물은 있지만 내 선물은 없다는 뜻이다.

말없이 일부러 트리도 안 보고 이불을 개고 세수하러 화장실 쪽으로 가니까 엄마가,

"아고오, 산타 할아버지가 크리스마스트리 밑에 선물 두 개를 놔 두고 갔네!"

"정말? 하나는 현지 거고 하나는 아라 거네!"

엄마와 아빠는 서로 놀라는 척하며 말을 했다. 나는 그 순간 가슴 속에 꼭 박혀 있던 돌이 쑥 빠져나오면서 빛이 환하게 들어오는 듯했다.

아빠가 선물을 가져와 각자 뜯어보라고 했다. 내 동생은 다이어리와 벙어리장갑이 선물이었다. 내 동생은 얼마나 기뻤는지,

"앗싸! 내가 제일 좋아하는 토끼 그림 다이어리다! 그리고 벙어리장갑!"

하며 좋아했다. 내 동생은 자기 것을 보고 감탄하다가 내 것에도 욕심이 났는지 궁금해했다. 내 동생 선물은 만 원 정도의 돈이 든 것 같았다. 내 선물은 너무 작았다. 그런데 선물을 열어 보니까 로미오와 줄리엣 구독권과 곰돌이가 달린 볼펜이 있었다.

"현지야, 어젯밤에 저기 경산 시장까지 갔다 오고 월마트, 이마트도 다 가 봤는데 로미오와 줄리엣이 아직 안 나왔다고 해서 어

젯밤에 컴퓨터로 구독권을 만들었거든. 그러니까 그 쪽지 간직하고 있다가 로미오와 줄리엣 나오면 일 이 삼 권 다 사 줄게. 미안하다.”

로미오와 줄리엣이 한 권에 육천 원 정도 하는데 세 권을 다 사 준다니 정말 너무 고마웠다. 크리스마스 전날, 바람도 많이 불고 비도 많이 왔는데 피곤한 것도 참고 엄마와 아빠는 그 책 사려고 여러 군데 다 돌아다녔다. 이때까지 받아 본 선물 중에서 가장 값지고 멋있는 선물이었다.

'엄마 아빠, 고맙습니다! 그리고 사랑해요!'

✎ 아이에게 선물을 마음대로 고르라고 해도 잘 고르지 못하는 경우가 많다. 이것도 하고 싶고 저것도 하고 싶으니까 그렇다. 그때는 "책 사 줄까, 인형 사 줄까? 아니면 모자나 장갑 사 줄까?" 하며 어느 정도 범위를 정해 주는 것이 오히려 좋다. 그러면 아이는 부모가 선물을 어느 만큼 해 주려고 생각하고 있는지 짐작하고 그 범위 안에서 고른다.

이 아이 글을 보면 아이는 선물을 받을 수 없겠다고 생각하고 그만 크게 실망한다. 누구나 큰 기대를 하다가 그것이 어긋나 버리면 이루 말할 수 없이 실망한다. 그 실망감에 아이는 이불을 덮어쓰고 눈물까지 흘린다. 그러다가 포기해 버린다. 이렇게 너무 기대를 하게 해도 좋지 않다. 기대가 크면 그만큼 기쁨이 줄어들 수도 있다.

그렇게 실망하고 잤는데 아침에 일어나 보니 선물이 있다. 부모가 책을 사 주겠다고 약속한 대로 구독권을 만들어 놓았다. 재치 있는 선물이다. 무엇보다 아이는 전날 밤에 날씨도 안 좋은데 부모가 책 사러 온 데 다 돌아다녔다고 하자 더 감동받는다. 물질의 가치보다는 어머니, 아버지가 자기를 얼마나 생각하고 사랑하고 있나 하는 마음의 가치에 무게를 더 두고 있다는 것을 알 수 있다. 아이는 "이때까지 받아 본 선물 중에서 가장 값지고 멋있는 선물이었다."고 했다.

크리스마스 날의 편지

5학년 임경미

2002년 12월 25일 목요일 크리스마스 날 밤, 영미와 나는 아빠만 오기를 기다렸다. 바로 크리스마스 선물을 받기 위해서다.

"과연 우리 아빠는 어떤 선물을 할까? 아마 인형이겠지. 히히, 언니! 언니는 뭐 갖고 싶어?"

"나? 나도 너랑 같아."

"히히히히, 언니는 이제 5학년 다 되어 가는데 히히 인형이래. 인형, 히히히."

"뭐어? 나는 인형 좋아하지 말라는 법이라도 있나?"

"응."

"아, 이럴 때가 아니지. 공부해야 해. 그래야 칭찬받을 수 있잖아. 임영미 조용히 하고 있어. 방해하지 마!"

"메롱!"

"으이구, 내가 제 때매 못 살어. 어우 어우!"

나는 아빠가 큰 선물을 사 올 것을 믿으며 공부를 하였다.

드디어 초인종 소리가 울린다.

"띵동 띵동."

"누구세요?"

나는 몰래 문에 있는 작은 구멍으로 살펴보았다. 아빠였다.

"아빠!"

재빠르게 문을 열었다.

"아빠, 크리스마스 선물 뭐야?"

"자, 기대하고 기대하시던 거대한 선물! 짜잔!"

"에에이 뭐야? 편지잖아!"

"자, 영미도."

"아빠, 이게 뭐야? 꼴랑 편지!"

"꼴랑 편지라니. 아주 거대한 선물인데. 한번 읽어 봐. 아빠가 오늘 회사에서 일하면서 바쁜데도 딸들 생각해서 겨우 쓴 편지니까 잘 읽어 봐. 정성이 담긴 선물이 좋은 거지."

"치이!"

나는 우리 방문을 쾅 닫고 의자에 털썩 앉았다. 그러다 편지를 펼쳐 보았다. 글씨도 삐뚤삐뚤, 편지지도 안 예쁘고, 길기만 긴 편지였다.

"에에이, 사랑하는 큰딸 경미야 어쩌고저쩌고 처음부터 내용 싱겁네."

가운데 부분에선,

"경미야, 아빠가 꼴랑 편지 한 장이지만 이 정도밖에 못해 주어서 미안하구나. 아빠가 회사 일로 바빠서 그런 거니 용서해 다오."

나는 그 부분에 가서 그만 가슴이 찢어질 듯 아팠다.

"이씨, 난 그것도 모르고 아빠 성의를 몰라봤잖아. 아빠 미안해요!"

나는 반성을 하였다. 돈으로 산 물건보다는 아빠 마음이 가득 담긴 이 편지 선물이 더 특별하다는 것을 깨달았다.

✎ 편지 선물이다. 때로는 이것도 필요하다. 물질로만 마음을 저울질하는 것이 버릇이 되어서는 안 된다. 아이들에게 물질이 다가 아니라는 것을 깨우쳐 주는 좋은 방법이기도 하다. 그런데 예쁜 편지지에다 정성껏 쓰는 것이 좋다. 아무리 마음이라 해도 그 정성을 눈으로 볼 수 있도록 해 주어야 한다. 그래야만 부모의 마음이 더 감동 깊게 전해질 수 있다.

누구에게나 마찬가지겠지만 더구나 아이에게 선물을 할 때는 자그마하면서도 아이를 진정으로 사랑하는 마음이 가득 담긴 선물을 해야 한다. 그래야만 오래도록 그 감동이 사라지지 않는다.

엄마가 꼭 쥐여 준 용돈

5학년 김성주

일요일, 도서관에 가기 위해 언니와 나는 책과 공책, 연필 등을 준비하고 있었다.

'휴우우, 어떡하지? 돈만 있으면 되는데……'

아버지가 지난주에,

"안 그래도 요즘에 니 엄마 장사 안 돼서 걱정이고 아빠 일도 안 되는데 너희들만 아이스크림 쭉쭉 빨 거가? 다음부터는 도서관에 갈 때 돈 안 줄 테니간 너희들 용돈으로 해라!"

이렇게 말한 걸 생각하니 걱정이 되었다.

나는 용돈을 아껴서 쓰고 있는데 언니가 너무 돈을 헛되게 쓰니까 나한테까지 불호령이 떨어졌다.

나는 마지막으로 도서관에서 빌린 책을 가방에 넣었다. 그때 엄마가 내 방에 슬쩍 들어와서는 이천오백 원을 내밀었다.

"성주야, 이 돈으로 맛있는 거 사 먹어라. 우리 성주는 도서관에서 책 많이 읽는 거 알고 있으니깐 주는 거다. 알겠지? 책 많이 읽고 먹는 거에는 아무 말도 안 할 테니까 맛있는 거 사 먹어라."

이러며 이천오백 원을 내 손에 꼭 쥐여 주었다.

"엄마, 너무너무 감사합니다!"

엄마와 나는 같이 빙긋 웃었다.

장사도 잘 안 되는데, 그렇게 엄마가 주는 돈의 가치는 무엇보다 큰 것이다. 나는 이 돈을 쓰지 않고 오랫동안 그냥 가지고 있고 싶은 생각도 들었다.

✏️ 사는 형편이 넉넉하지 못한 집안의 모습이다. 보통 사람들 살아가는 형편이 다 그렇다. 사는 형편이 넉넉하지 못해서 용돈을 조금 주더라도 이렇게 가끔 아이의 마음을 푸근하게 해 주고, 도닥거려 주면 좋다. 그러면 아이는 이렇게 감동받는다. 형편도 어려운데 집에서 공부하면 될 걸 뭐 하러 도서실에 가냐는 등, 또 용돈 달라 하냐는 등 심하게 잔소리를 하면 오히려 반감을 사기 쉽다. 또 아이들 마음과 기운이 꺾이기도 한다.

용돈 받은 날

5학년 김혜주

아침 일곱 시에 부스스 일어나 화장실에 갔다. 세수를 하고 어제 저녁에 못 감은 머리를 감고 나니 기분이 상쾌했다. 머리를 다 말리고 나니 엄마가 밥 먹으라고 했다. 나는 밥을 맛있게 먹었다. 그 다음 옷을 입고 머리를 묶었다.

시간이 남았다. 그래서 엄마 방에 갔더니 엄마도 미용실 갈 준비를 하고 있었다. 나는 침대에 풀썩 누웠다. 엄마가 그런 나를 보더니 말을 먼저 걸었다

"혜주야, 학교 안 늦나?"

"네. 아직 시간 많이 남았어요."

엄마는 학원 문제를 꺼냈다. '하버드' 학원 끊고 검도랑 일어 아니면 영어 다니라고 했다. 나는 하버드를 꼭 다니고 싶었다. 하버드에서 공부하면 재미있고 잘 되기 때문이다. 엄마가 일어는 중학생되면 배운다고 미리 배워 두는 게 좋다고 했다. 난 하버드와 일어, 검도 이렇게 다 배우고 싶었지만 엄마는 안 된다고 했다. 하버드 학원에 다니며 일어를 배우기로 하고 학원 이야기는 끝냈다.

나는 또 일주일 용돈을 삼천 원을 주지 말고 이천 원만 달라고 했다. 그러자 엄마는 이천 원만 받으면 모자라지 않겠냐고 했다. 안모자란다고 하고 그냥 월요일마다 이천 원만 달라고 했다.

엄마는 이천 원을 나에게 주며 모자랄 때마다 말하라고 했다.

"엄마, 모자랄 때 말하면 주는 거죠?"

"엄마가 거짓말하겠나."

엄마는 가방을 뒤지다가 바지를 뒤졌다. 그러고는 나에게 이천 원을 주었다. 생각해 보니 오늘이 월요일이었다.

"아, 오늘 월요일이지!"

하며 웃었다.

"오늘 더우니까 아이스크림 사 먹어라."

하며 천 원을 더 주었다. 나는 고개를 꾸벅하며 "고맙습니다." 인사를 했다.

"엄마, 오늘 더워요?"

"응."

거실에 나가 시계를 보니 여덟 시 십이 분이었다. 나는,

"늦었다, 늦었다."

하며 책가방에 필통을 넣고 가방을 멨다.

"아, 늦었다!"

하며 신발장에서 신을 꺼내 신고 있는데 엄마가 나왔다.

"혜주야, 차 조심하고 신호등 잘 건너라."

"네에."

엘리베이터 단추를 누르고 신발을 똑바로 신었다. 엘리베이터가 '땡' 하고 금방 섰다. 나는 엄마한테 손을 흔들었다. 엄마도 나에게 손을 흔들어 주었다.

오늘 따라 아침이 너무 즐겁다. 날마다 아침이 이렇게 즐거우면 얼마나 좋을까, 이런 생각도 들었다.

✎ 보통 아이들은 용돈을 더 달라고 떼를 쓰는데 위에 글을 쓴 아이는 오히려 줄여서 달라고 한다. 그렇다고 많이 주는 것을 싫어하는 것은 아니다. 어쨌거나 참 보기 좋다. 그러니까 오히려 어머니가 덤으로 용돈을 더 준다. 그러자 아이는 마음이 더 푸근해져 행복해한다.

아이들 가운데, 그중에서도 남자아이들 가운데는 정한 용돈을 다

타 쓰고도 자꾸 더 달라고 하는 아이들도 더러 있다. 이런 아이는 대개 용돈을 계획 없이 함부로 쓴다. 이런 아이에게는 용돈 기록장을 꼭 쓰게 해서 어디에 어떻게 얼마나 쓰고 있는지, 어디에 돈을 필요 이상 쓰는지를 깨닫게 해 주어야 한다. 또 정한 금액이 있는데 용돈을 자꾸 더 달라고 할 때는 돈을 주기보다는 필요할 때마다 물건을 사 주는 것이 좋다. 그러면서 용돈을 너무 함부로 쓰지 않도록 깨닫게 해 주는 것이 좋다.

용돈 줄 때가 되면 아이들은 몹시 기다린다. 그런데 그걸 잊어버리고 넘어가면 무척 실망한다. 그러므로 제때 정확하게 주어야 한다. 아이들은 그런 것으로 부모가 자신에게 얼마나 관심을 기울이고 사랑을 쏟고 있는지 재기도 한다.

형편이 아주 넉넉한 집안에서는 상상하기 어려울 만큼 용돈을 많이 줄지도 모르겠다. 이것은 아이에게 독을 주는 행동이다. 용돈은 아이에 맞게 주어야 한다는 상식을 잊지 말아야겠다.

용돈을 주어도 그냥 주는 것보다 집안일을 하게 한 뒤 주는 것도 좋다. 돈의 가치를 몸으로 배워서 좋고, 집안일을 도우면서 식구의 한 사람으로 참여할 수 있어서 좋고, 자기 존재를 느낄 수 있어서 좋다. 그러나 꼭 돈을 주어야 집안일을 거들어 주는 아이가 되도록 키워서는 안 된다. 돈을 주거나 안 주거나 함께 살아가는 식구로 서로 도와야 한다는 것을 깨달을 수 있게 해야 한다.

우리 반 아이들 용돈을 조사해 보았더니 서른 명 가운데 날마다 오백 원에서 천 원쯤 타 쓰는 아이가 여섯이고, 한 주에 한 번 천 원에서 삼천 원쯤 타 쓰는 아이가 일곱이었다. 또 다달이 만오천 원에서 사만 원쯤 타 쓰는 아이가 셋이다. 집안일을 도와서 용돈을 타 쓰는 아이가 하나 있는데 부지런하고 제 할 일을 잘하는 아이다. 나머지 열세 명은 필요할 때 오백 원에서 만 원까지 타 쓴다고 한다. 모두들 용돈을 올려 주면 좋겠다고 하고, 아무 때나 필요할 때 용돈을 타 쓰는 아이들은 주마다 또는 다달이 정한 날에 용돈을 받으면 좋겠다고 했다.

다시 말하지만 아이에게 선물을 주고 용돈을 줄 때는 마음을 담아서 주어야 한다. 그냥 닭 모이 주듯 해서는 안 된다. 사랑을 담아야 한다. 또 넘치게 주어서도 안 된다. 언제나 조금 모자라게 주어야 오히려 그 귀중함을 알고 부모에게 사랑과 감동을 더 깊이 느낄 수 있다.

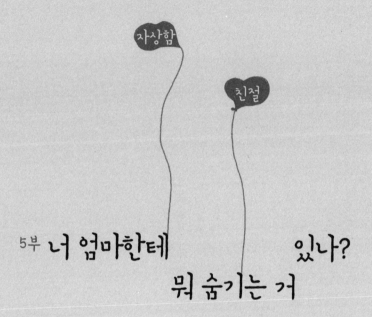

5부 너 엄마한테 뭐 숨기는 거 있나?

16 챙겨 줄 것과 챙겨 주지 말 것

아이들이 부모에게 감동받는 것은 사랑을 느끼기 때문이다. 아이들은 늘 그런 사랑을 느낄 때 마음이 평온해지고 더욱 힘차게 살아갈 수 있다.

작은 일이라도 부모가 아이를 잘 챙겨 주면 아이들은 부모에게서 사랑을 받고 있다고 느낀다. 말로 챙겨 주거나, 행동으로 챙겨 줄 수 있고, 먹을 것을 챙겨 주거나, 생일을 챙겨 주거나, 그 밖에 여러 가지로 챙겨 줄 수 있다.

그런데 잘 챙겨 준다는 것이 생각처럼 그렇게 쉬운 일이 아니다. 부모도 사는 일이 바쁘고 마음 쓸 일이 많기 때문에 아이들 생활을 이것저것 꼼꼼히 돌보며 챙겨 주기가 쉽지 않다. 또 아이가 자기 물건을 잘 못 챙기거나 하면 꾸중부터 먼저 하게 된다. "바보같이 그것도 못 챙겨!" "공부도 제대로 못하는 게 먹을 것만 밝히고 있네!" 이렇게 야단부터 친다. 그럴 때 아이들은 슬프다. 그렇지만 기대하지도 않던 것을 챙겨 줄 때는 크게 감동받아 눈물까지 흘린다. 이렇게 사랑을 받고 자란 아이는 그 마음이 큰 버팀목이 되어 기운차게 살아간다.

그런데 요즘은 아이 혼자 할 수 있는 것조차 다 챙겨 주어서 아이를 아무것도 못하는 사람으로 키우는 부모도 많다. 걸어갈 수 있는 거리인데도 꼭 차를 태워서 데려다 준다거나, 스스로 해야 하는 숙제도 부모가 다 해 주고는 한다. 그러다 보니 아이들 스스로 할 수 있는 일은 하나도 없고 자신이 알아서 해야 하는 일도 그저 부모 얼굴만 쳐다보고 있는 경우가 생긴다. 아이를 아주 바보로 만들어 버리는 것이다.

아이 혼자 할 수 있는 일은 아이 스스로 할 수 있게 도와주자. 대신 부모가 챙겨 주어야 하는 일은 아주 작은 일이라도 신경 써서 챙겨 주자. 그러면 아이들은 부모를 믿고 세상을 힘차게 살아갈 수 있을 것이다.

유자차

며칠 전, 선생님께서 글쓰기 숙제를 내 주셨다. 그래서 그걸 하느라고 식구들은 다 자고 나만 남아 숙제를 했다. 그런데 혼자 남아 있으니까 무섭기도 했다.

'위이잉 우우웅……'

밖에서는 바람 소리가 들리고 오늘은 왠지 기분도 안 좋았다. 그래서 눈물이 나왔다. 식구들이 깰까 봐 조용히 울었다. 그런데 큰방 문 여는 소리가 나는 것이었다. 나는 소매로 눈물을 닦고 계속 숙제를 했다. 그런데 엄마가 내 방 문을 열더니,

"아직 안 자나?"

"응."

"빨리 해라."

나는 엄마가 큰방 문 열고 들어가는 소리를 듣고 또 울었다.

"엄마는 그 말만 하고……."

나는 너무 섭섭했다.

그런데 정신없이 숙제를 하고 있으니까 엄마가 우리 방문을 열고는 컵에다가 이상한 걸 들고 왔다.

"엄마, 안 자고 왜 왔노?"

"자, 이거 먹고 해라."

엄마는 유자차를 내밀었다. 아주 따뜻하고 꿀맛이었다.

"야, 맛있다."

"뭐 쓴다고 이렇게 열심이고?"

"글쓰기."

184 감동을 주는 부모 되기

엄마는 한 줄씩 읽어 보았다. 나는 엄마가 글이 이상하다고 할까 걱정되었다. 그런데 웃음을 짓는 것이었다.

"잘 썼네."

나는 마음이 편안해졌다. 그리고 기분도 더 좋아진 것 같았다.

그런데 내가 아까 운 표시가 있는지 엄마가 나를 빤히 봤다.

"어디 아프나?"

"아니."

"울었나?"

"아니."

나는 엄마 걱정할까 봐 거짓말을 했다.

엄마는 내가 잘 때까지 옆에 있었다.

"엄마, 잘 자래이."

"그래. 니도 빨리 자라."

엄마한테 미안하기도 했다. 나 하나 때문에 잠도 안 자고 옆에서 기다렸다. 나는 엄마에게 고마운 마음이 들었다.

✎ 아이는 어머니가 자기 혼자 남겨 두고 그냥 자는 줄 알고 실망한다. 그런데 어머니가 방문을 열고 "아직 안 자나?" "빨리 해라." 하며 챙겨 주니까 좋아하다가 어머니가 다시 자기 혼자 남겨 두고 큰방으로 가니까 또 섭섭해한다. 그리고 다시 유자차를 가지고 오니 마음이 밝아지고……. 아이의 마음 움직임을 잘 볼 수 있다.

아이가 힘겨워할 때 이렇게 옆에 있으면서 조금만 챙겨 주어도 아이는 감동받고 그 경험은 삶에 큰 버팀목이 된다.

돼지고기

6학년 석지용

오늘은 계추라서 우리 마을 사람이 모두 모여서 잔치를 벌였다. 우리 집에서 돼지고기, 쥐포 같은 것으로 음식을 만들었다. 그래서 어른들에게 음식을 갖다 드렸다. 그런데 먹성이 얼마나 좋으신지 금방 "여기 고기 가오소!" "여기도 좀 더 주소!" 하며 막 가져오라고 하는 것이었다. 그래서 내가 엄마 대신에 고기를 담아서 아저씨들께 갖다 드렸다. 아저씨들은 계속 뭐 가온나, 뭐 좀 더 도, 하고 말했다. 어떤 아저씨는 "술 가온나, 술!" 하면서 술주정까지도 하였다. 그래도 오늘은 설날이라고 술을 많이 내주었다.

그러다가 나중에는 고기가 한 접시밖에 없어서 엄마보고 말을 하니 엄마는,

"그거 놔 나라."

하고 말을 하였다. 그래서 그냥 놔 놓으니 엄마는 아저씨들에게,

"고기 없습니더."

했다. 그러고는 고기를 냉장고에 넣어 놓았다.

여섯 시쯤 되어서 사람들이 다 돌아갔다. 그런데 엄마가,

"용아, 여기 와 봐라."

나를 불렀다. 나는 얼른 뛰어가 보았다. 엄마는 아까 남겨 두었던 돼지고기를 꺼내면서,

"용아, 수고했제."

하며 궁디를 툭툭 쳐 주었다. 그러고는,

"무라."

했다.

"엄마는 안 묵나? 이 고기 맛이 기가 막힌다."

하니까 엄마는 일부러,

"나는 묵었다."

하고 말했다.

"엄마, 안 문 거(안 먹은 것) 안다. 이거 무라."

하니,

"이빨 아파가 못 묵겠다."

그러더니 큰 고기 하나를 집어서,

"이거 맛있는 기다 무 봐라. 아아아……."

하면서 입에 고기를 넣어 주었다. 엄마가 넣어 준 고기는 얼마나 맛
있는지 기가 막혔다.

"아아, 맛있다."

하면서 나도 손으로 엄마 입에 하나를 넣어 주니까,

"아이고 내 새끼."

하며 엉덩이를 톡톡 두드려 주며,

"우리 용이밖에 없다."

하면서 웃음을 지었다.

이때까지 엄마가 내 생각을 안 해 준 것 같았는데 엄마가 날 이렇
게 생각했다는 생각을 하니 내 가슴이 뿌듯하였다. 그래서 앞으로
엄마 일을 많이 도와 드려야지, 하는 생각이 들었다. 엄마가 나보고,

"고기 맛있나?"

해서,

"맛있다."

하고 대답했다.

엄마가 오늘같이 좋은 날은 처음이다. 나는 이때까지 엄마 일을 제대로 도와주지도 못했는데 내가 해 온 일들을 생각해 보니까 정말로 후회스럽다. 화를 낼 때는 무서운데 이렇게 날 위해 주니까 엄마가 더욱 최고로 좋다.

✏ 어머니는 마을 사람들이 고기를 더 달라고 하는데도 주지 않고 챙겨 두었다가 아이에게 준다. 그래서 아이는 더 감동받는다. 그 기분이 어떻게 사라질 수 있을까. "이때까지 엄마가 내 생각을 안 해 준 것 같았는데 엄마가 날 이렇게 생각했다는 생각을 하니 내 가슴이 뿌듯하였다. 그래서 앞으로 엄마 일을 많이 도와 드려야지, 하는 생각이 들었다." "나는 이때까지 엄마 일을 제대로 도와주지도 못했는데 내가 해 온 일들을 생각해 보니까 정말로 후회스럽다." 이런 말들이 진정한 마음에서 우러나왔다는 것을 느낄 수 있다.

귤

5학년 박은희

오늘 학교에 다녀오니 언니, 엄마, 아빠 모두 다 있었다. 내가,

"학교 다녀왔습니다."

하니 모두 다 나를 반겨 주었다. 엄마는 마루에 앉아 있다가 마당으로 나와서 내 가방을 들어 주었다. 그리고 나에게,

"은희야, 니 이런 거 계속 들고 다니니까 안 무겁나? 이러다가 니 어깨 빠지겠다."

했다. 내가 마루에 앉으니 언니가,

"있잖아, 엄마가 있잖아, 아까 우리가 귤을 새 집에서 얻어서 먹

고 있는데 있잖아, 엄마가 니도 귤 좋아한다고 내 주먹만 한 귤 세 개나 남겨 두었데이, 아나?"

했다. 그래서 나는 엄마를 보고,

"엄마, 진짜 내 줄라고 남겨 두었나, 응?"

하니까 엄마는,

"그냥 니도 좋아하니깐……."

하면서 고방에 가 비닐봉지를 가지고 왔다.

"엄마, 이거 뭔데?"

"이거 귤 아니가. 숙제하면서 먹어라."

했다. 나는 가슴이 뭉클했다.

내가 가방에서 책을 꺼내어 숙제를 하고 있는데 엄마가 귤을 까고 있었다. 그래서 나는 마음속으로,

'저거 봐라. 엄마가 먹을라고 까고 있으면서 뭐 내 줄라고 남겨 둬? 엄마는 거짓말도 잘한다.'

하며 고개를 숙여 입을 삐죽삐죽거리며 숙제를 하고 있으니까 엄마가,

"은희야, 이거 자. 내가 까 주께 먹어라."

했다. 나는 마음속으로,

'에이 괜히 엉뚱한 나쁜 생각을 했네.'

했다. 내가 엄마에게,

"엄마, 엄마도 먹어라. 나는 이것만 먹어도 된다. 이제 엄마 먹어라."

하니 엄마는,

"은희야, 아까 엄마는 많이 먹었다. 이거는 니 몫이다. 아까 언니

야도 먹고 아빠도 먹었다. 니 먹어라. 맨날 잘 안 먹으니까 살도 안 찌지. 야 좀 뭘 먹여야 되겠다."

하고 말했다. 나는 나도 모르게 조금 쑥스러웠다. 그래서 나는 귤을 떼어서 한 개 먹었다. 엄마가 까 주어서 그런지 기분도 좋고 맛도 더 좋은 것 같았다.

"엄마, 왜 이렇게 귤이 큰데, 응? 내가 태어나서 이런 귤은 처음 먹어 본다. 뭐가 이래 큰데?"

"이거 니 좀 먹일라고 큰 거 골라 내었다 아이가. 너거 언니가 먹을라고 하는 거를 넣어 놨다 아이가."

나는 눈물이 날 것 같았다. 그래서 나는 엄마에게,

"엄마, 나는 이제 배가 불러가 못 먹겠다, 응."

하니,

"그러마 좀 있다 먹어라."

하며 냉장고에 갖다 놓았다. 나는 갑자기 눈물이 더 날 것 같아서 큰방으로 왔다.

나는 이제 엄마 말을 잘 들어야 되겠다는 생각이 들었다. 진짜 그런 생각이 저절로 들었다.

✎ 아이는 엄마가 자기를 위해 일부러 큰 귤을 챙겨 두었다고 말하자 더 감동받는다. 보통 먹는 것으로 아이에게 상처 주기가 쉽다. 귤 껍질은 수북이 쌓여 있는데 자기 것은 챙겨 두지 않고 입 싹 닦고 있으면 그 섭섭한 마음은 이루 말할 수 없을 것이다. 못 먹어서 섭섭하다기보다 '엄마가 나보다 언니를 더 사랑하는구나!' '식구들이 나를 아주 업신여기는구나!' '우리 집에서 내 존재는 없구

나!' 하는 마음이 들어 섭섭할 테다. 먹을 것은 아주 조금이라도 '나를 위해 일부러 이렇게 챙겨 두었구나!' '우리 집에서 나도 우뚝하게 존재하고 있구나!' 하는 느낌이 들도록 챙겨 주어야 한다. 그러면 '나도 엄마를 잘 챙겨 드려야지.' '언니도 나 때문에 얼마 못 먹었는가 보네. 좀 주어야지.' 하며 남을 배려하는 마음까지 생긴다. 이런 마음은 또 사회로 널리 퍼져 간다.

생일날

6학년 박성태

오늘은 내 생일이다. 아침 일찍 눈을 떠서 밖으로 고개를 내밀었다. 그런데 사방이 너무너무 조용했다.

'모두 자나? 내가 너무 일찍 일어났나? 다시 자야 되겠네.'

나는 다시 잤다.

자다가 다시 일어나 밖으로 나갔다. 밖을 휙 둘러보니까 달라진 게 손톱만큼도 없었다. 나는 어머니가 내 생일을 잊어 먹었나 싶어 달력에 아주 진하게 뚫어지도록 표시를 해 놓았다. 나는,

'이 정도로 해 놓았는데 모를 리가 없지.'

하며 아침밥을 먹으러 갔다. 그런데 이게 웬 밥상이냐! 미역국 한 그릇도 없었다. 어머니가,

"와 카노? 밥 안 묵나? 뭐 잘못됐나?"

했다. 그래서 내가,

"저어 오늘 내……."

더 말하기도 전에,

"빨리 밥 묵고 학교 가라!"

하고는 밖으로 나가 버렸다. 하늘이 무너지고 땅이 꺼졌다. 눈물이 핑 돌았다. 내가 13년을 살았지만 어머니가 단 1년도 내 생일을 잊어 먹은 날이 없었다. 하지만 이번에는 아예 무시해 버렸으니 땅이 꺼지고 하늘이 무너지는 것 같을 수밖에. 어쨌든 학교는 가야 했다.

밥상을 뒤로 하고 학교로 갔다. 학교에 가서도 연필이 손에 잡히지 않았다. 화가 나기도 하고 섭섭하기도 했기 때문이다. 하루 종일 그렇게 화가 나 있었고 섭섭한 표정을 짓기도 했다. 그러니까 아이들이,

"니 무슨 일 있나? 와 카노?"

하고 물어보았다. 내 생일을 아는 아이들은,

"니 선물 받았나? 미역국 먹었나?"

하고 자꾸 물어보았다. 그때마다 어머니 아버지 모두가 미웠다. 내 생일도 모르고 미역국 한 그릇이라도 안 끓여 주는 어머니 아버지가 너무나도 미웠다. 하지만 나를 낳아 주고 길러 준 것만 해도 부모님 은혜를 다 못 갚는다는 것을 알기 때문에 나만 그렇게 생각하는 것은 나쁘다는 것을 안다.

마음을 풀고 집에 왔다.

"학교 다녀왔습니다."

하고는 내 방으로 와 버렸다. 그러고는 바로 자려고 마음먹었는데 큰방에서,

"엄마, 성태 안 오나? 어데 갔뿄노?"

하는 소리가 났다. 나는,

'그래! 이제 보이끼네 엄마가 잊아 묵었는 기 아이네. 보자, 이럴 때는 텔레비전에서는 우예 하더라?'

하고는 몰래 큰방으로 들어갔다. 깜깜했기 때문에 내가 온 줄도 몰랐다. 누나가,

"엄마, 성태 지 방에서 자나 가 봐라."

하고 말하길래 내가,

"내 찾나?"

했다. 그랬더니 어머니가 불을 켜더니,

"니 언제 들어왔노?"

눈이 둥그레지며 물었다. 내가,

"이야아! 엄마, 우예 이래 나를 꽉 속일 수가 있는데예? 이야아! 엄마 연기력 끝내 준다 끝내 줘."

그러고는 노래를 부르고는 케익도 먹고 음식도 먹었다.

'엄마! 나는 정말 엄마를 사랑해요!'

이번 생일이 내 생일 중에 가장 멋진 생일이 될 것이다.

✏️ 이렇게 생일 챙겨 주는 것도 잊지 말아야 한다. 어릴 때, 내 생일날이 되면 우리 어머니는 아침 일찍 일어나 미역국을 끓이고 정갈하게 생일상을 따로 차려 나 혼자 먹게 했다. 몇 번이나 그랬는지는 잘 모르겠지만 아직도 내 기억 속에 또렷하게 남아 지워지지 않는다. 내가 우리 어머니의 귀한 자식으로 느껴졌고, 식구의 한 사람으로 우뚝 자리하고 있다는 뿌듯한 마음이 들었다. 요즘 아이들 생일을 축하해 주는 것을 보면 좀 지나치다 싶다. 선물이나 주고받는 겉치레 생일날이 아니라 마음으로 축하하고 마음으로 축하받는 그런 생일날이 되도록 해 주어야겠다.

17 자그마한 일에서 느끼는 감동

우리는 뜻밖에도 큰일에 부딪치면 상대방과 크게 갈등하거나 다투지 않고 마음 좋게 잘 넘어간다. 이미 엎질러진 물인데 어떻게 하겠나, 하는 생각이 있기 때문이다. 그런데 늘 작은 일에는 서로 잘 다툰다.

부모와 아이 사이를 봐도 그렇다. 아이는 냄새가 고약한 된장을 잘 안 먹으려고 하고 부모는 그걸 먹어야 건강해진다고 억지로 먹으라고 하는 경우가 있다. 이때 아이가 말을 잘 안 들으면 그만 그것도 못 먹는 바보라는 둥, 그러니까 공부도 못한다는 둥 하며 일을 크게 키워 아이 가슴에 못을 박기도 한다.

앞에서 이야기한 것을 반대로 미루어 짐작해 보면, 아이에게 아주 자그마한 일로 뜻밖에 깊은 감동을 줄 수 있다는 말이 된다. 아이들은 아주 큰 일로 한 번 깊이 감동하는 것보다는 작은 일로 여러 번 감동을 맛보는 게 훨씬 더 좋을 수 있다.

작은 일로 아이에게 감동을 주려 할 때는 너무 크게 계획을 세우면 오히려 실천하기 어렵다. 자연스럽지도 못하다. 자연스럽지 못한 일은 감동 또한 적다. 어떤 순간 마음에서 우러나오는 행동이라야 감동을 줄 수 있다. 이런 일은 그냥 잠깐 시간만 내면 할 수 있다고 쉽게 생각할 수 있는데 오히려 그런 행동이 몸에 배기란 아주 어렵다.

자그마한 일로 아이를 감동시키려고 할 때는 아이와 일대일로 시간을 보내면서 아이에게 집중하고 부모 자신도 그 속에 빠져들어 스스로 행복해야 한다. 그래야 아이도 진심으로 부모 마음을 받아들이고 감동한다.

우리는 식구들과 늘 함께 보내지만 식구 한 사람 한 사람이 무엇을 바라는지는 잘 모르는 경우가 많다. 그래서 작은 일로 아이에게 감동을 주려면 아이에게 무엇이 필요한지, 무엇을 해 주어야 할지 미리 생각해 두어야 한다.

아빠와 군고구마 먹기

학원을 마치고 학원 차를 타려고 하는데 아빠가 불렀다.

"지혜야!"

"어? 아빠, 요기 웬일이야?"

나는 놀라서 아빠 차를 타면서 말했다.

"그냥 왔지. 요 밑에서 뭐 살게 있어 갖고 내려왔는데 내려온 김
에 니랑 같이 올라갈라고 왔지."

"맞나? 으으, 춥다. 맞제?"

"허허, 많이 춥나? 히터 틀어 주까?"

"됐다. 이제 다 와 가는데."

"맞다. 지혜야, 아까 내려오면서 훼미리마트 앞에 군고구마 팔더
라. 군고구마 좀 먹을래?"

오다가 아빠가 군고구마를 샀다. 아빠는 호호 불면서 군고구마 껍
질을 까 내었다. 그러고는 내 입에 쏙 넣어 주면서,

"아이고, 뜨겁데이. 조심해라."

아빠 한 입 나 한 입 군고구마를 먹었다. 군고구마가 따끈따끈해
아빠와 내 볼이 다 빨개졌다.

오늘 학원에서 집에 올 때 아빠 차 안에서 아빠와 함께 먹은 군고
구마는 내가 먹은 군고구마 중에 최고 꿀맛이었다.

✎ 아버지가 아이를 찾아가는 것은 아주 작은 일이다. 그런데
아이는 뜻밖에 아주 반가워한다. 아이에게는 큰 사건이 된 것이다.
아버지가 자기에게 그렇게까지 관심을 가져 주겠나 생각하고 있었

196 감동을 주는 부모 되기

을 텐데 아버지가 찾아왔으니 그만큼 자기한테 관심이 있다고 느꼈을 것이다. 때로는 이렇게 아이가 있는 곳에 불쑥 찾아가기만 해도 아이들은 아주 감동한다.

게다가 동생이나 언니 오빠도 없이 아버지와 단둘이서만 따끈따끈한 군고구마를 먹었으니 정말 꿀맛일 수밖에 없다. 아이는 아버지의 사랑을 혼자 몽땅 다 받았다고 생각했을 것이다.

방귀

5학년 이지수

지난 주 화요일에 있었던 일이다. 난 그때 책을 보려고 안방 침대에 누워 있다가 엄마, 아빠가 같이 들어오면서 자리가 점점 비좁아졌다. 너무 눌려서 쥐포가 되는 줄 알았다. 겨우겨우 빠져나왔다.

"아우, 피곤해라! 지수야, 좀 나갈래? 아빠, 엄마 피곤하다. 잠 좀 자자."

"저도 여기서 책 보다가 잠들 건데요."

"그래. 안 그래도 나도 책 보다가 잠들 거다. 여 누워 책 좀 보다가 가라."

"네, 그럼 그렇게 할게요."

나는 한가운데 좁은 자리에 벌러덩 누웠다. 조금 좁았지만 참을 만했다. 그런데 갑자기 아빠가 내 입에다 대고 방귀를 '푸쉬이' 끼었다. 냄새가 진동을 했다. 썩은 냄새가 막 났다. 토할 것 같았다. 그런데 나도 그것에 전염이 되었는지 '부오오옹' 방귀가 껴졌다. 엄마가 내 궁디를 철썩철썩 때렸다. 그런데 아빠는 얼굴이 일그러질 정도로 힘을 주더니 다시 '뽀로로로롱' 방귀를 꼈다.

"이거 뭐고? 자꾸 방귀 낄래?"

"아아, 아빠 때문에 방 안에 방귀 냄새가 가득하잖아요."

"뭐 내가 억지로 끼고 싶어가 뀌나. 근데 니는 와 뀌노?"

"죄송해요. 그래도 아빠가 먼저 시작했어요."

"뭐 둘 다 똑같다, 똑같애. 이 밀폐된 공간에서 방귀를 부룩부룩 끼사코."

"그래도 냄새 그거 곧 날아가잖아요."

"아니 그래도 그렇지 여서 방귀를……."

'푸룩푸룩.'

"아아, 엄마! 엄마까지 와 카노! 엄마 방귀는 에이(A) 급이다, 에이(A) 급!"

"낸들! 마, 책이나 봐."

"엄마, 양심이 있는 거예요?"

엄마가 내 엉덩이를 철썩철썩 때렸다. 엉덩이에 피멍 들 것 같았다. 정말로 아팠다. 엄마도 꼈으면서 괜히 내 엉덩이만 때렸다.

"그런데 방귀에 관한 이야기 같은 거 없어요?"

"있지. 내가 하나 알아. 옛날에 미국에서 있었던 일이야. 진짜로 있었던 일이지. 어떤 한 남자와 여자가 서로 짝짝꿍이었는데, 그 남자는 아주 이상한 비밀이 하나 있었어. 매일 검은색 가방을 들고 다녔지. 그 여자에게 절대 그것을 열어 보지 말라고 그랬어. 그리고 또 다른 비밀이 하나 더 있는데, 그 남자는 비 올 때마다 그 여자를 만난 거야. 하루는 여자가 맑은 날에 전화를 걸어서 만나자고 했지만 그는 차갑게 못 만난다고 했지. 비가 억수같이 오는 어느 날이었어. 그는 그 여자의 집으로 갔어. 그런데 그 여자가 가방을 들쳐 봤어. 뭔지 알어?"

"뭔데요?"

"그 남자가 입는 바지랑 똑같은 거였어. 결국 그는 비밀을 밝혔지. 자기 방귀는 재미있게도 화염성이 강한 방귀라서 옷에 구멍이 뚫렸대. 그래서 그는 그 여자랑 헤어질 준비를 했지. 그런데 그 여자는 그 남자와 결혼까지 했다는 얘기야."

"우하하하하 우하하. 와아! 진짜 있었던 일이에요? 대단하네요!"

"그렇지. 이제 어서 가거라. 잠잘란다."

"네에, 주무세요."

방귀 때문에 너무 즐거웠다. 그러니까 방귀는 우리 식구들에게 행복을 가져다주는 것이다.

✎ 이렇게 자그마한 허튼 행동으로도 즐거워질 수가 있다. 이럴 때 아이는 행복해한다. 하루에 한때를 즐겁게 보내면 긴장이 풀리고 화가 사그라들고 집안에 웃음이 넘친다. 웃음은 사람을 살아나게 해 주고 힘이 솟게 한다. 부모가 먼저 아이들과 재미있게 시간을 보낼 수 있는 방법을 찾아보자.

엄마 아빠, 감사합니다

6학년 서지혜

내가 컴퓨터를 하고 있을 때 엄마가,

"지혜야, 여기 와서 과일 먹어라."

"잠깐만."

나는 컴퓨터를 끄고 과일을 먹으러 거실로 나갔다. 아빠는,

"어이, 달뽕아!"

"왜?"

"니는 가수가 그래 좋나?"

"엉, 아빠보다 더 좋다."

"으응? 그래? 그래. 나도 니보다 너거 엄마가 더 좋다."

"참 내."

아빠는 일부러 날 보라는 듯이 엄마 옆에 딱 가서 사과를 먹여 주고 있었다. 내가 아무런 반응이 없자,

"달뽕아, 가수 왜 좋아하노? 아빠가 가수인데. 쿵짜자 쿵짝 네 박자 속에……."

"아빠, 하지 마래이."

엄마는 그런 아빠가 좋다는 듯이 옆에서 환하게 웃었다. 아빠랑 나랑 엄마는 소파에 기대어 앉아 텔레비전을 보았다. 텔레비전이 웃겨서 그런지 식구들과 함께 있다는 것이 즐거워서 그런지 모르지만 우리는 내내 웃고 있었다. 그러다 나는 잠이 왔다.

"엄마, 내 들어가서 잔다."

"잘라고? 알았다. 잘 자라."

"안녕히 주무세요."

내가 방에 들어가려고 하자 아빠가 먼저 내 방 침대 이불 속으로 쏙 들어가 누웠다.

"아빠, 나온나!"

"싫다. 아빠랑 같이 자자."

나는 아빠랑 같이 잔 적이 한 번도 없다. 그래서 웃으면서,

"여기서 우째 둘이 자노. 엄마랑 같이 자라. 알았제?"

"알았다. 방 좀 치우고 잘 자라."

"응, 아빠도."

나는 자기 전에 곰곰이 생각해 보았다.

'나에게는 엄마 아빠가 있기에 이렇게 행복하게 살 수 있는 거구
나.'

오늘 이 시간이 너무 좋았던 시간이다.

'엄마 아빠, 감사합니다. 엄마 아빠가 있어 저는 하루하루 행복하
게 살아가요.'

✎ "달뽕아, 가수 왜 좋아하노? 아빠가 가수인데. 쿵짜자 쿵짝
네 박자 속에……." 이렇게 일삼아 아이 앞에서 웃겨 가며 노래를
부르는 것도 좋다. 아이가 "아빠, 하지 마래이." 이래도 그것은 진
짜 싫어서 그러는 것이 아니다. 아이가 노래를 못 부른다고 놀린다
해도 그게 모두 아버지에 대한 관심의 표현이다. 아이가 자기 전에
"엄마 아빠, 감사합니다. 엄마 아빠가 있어 저는 하루하루 행복하게
살아가요." 이렇게 생각한 것만 봐도 알 수 있다.

내 편지

6학년 박수빈

아빠 생신날이다.

"수빈이 아빠, 오늘은 자기 생일이니까 오늘 저녁 어디로 갈 건지
정해요."

"으음……."

"아빠, 언덕 위의 집!"

나는 아빠에게 큰 소리로 말했다.

"그래. 거기 한번 가 보자."

"아싸!"

나는 펄쩍 뛰면서 손뼉을 쳤다. 그리고 미리 준비해 둔 아빠 생신 편지를 몰래 주머니에 넣었다.

우리 식구들은 '언덕 위의 집'이라는 레스토랑으로 갔다.

"엄마, 내 스테이크!"

"알았다."

우리 식구들이 들어가자 웨이터가 자리를 안내해 주었다.

"자, 메뉴 골라라."

"나는 스테이크!"

"네. 그럼 즐거운 시간 되시길 바랍니다."

우리는 기다리는 동안 아빠 생신 파티를 시작했다.

"아빠 좋겠다. 오늘 생일이잖아."

"아이고 참, 그래 좋다. 엄청 좋다!"

나는 주머니에 있는 편지를 만지작거렸다.

"아빠, 내가 줄 게 있다. 눈 감아 봐."

"아이고 참, 우리 딸이 카는데 눈을 안 감을 수야 없지."

아빠는 눈을 감고 두 손을 내밀었다. 그리고 나는 아빠 두 손에 편지를 올렸다. 그러자 아빠는 바로 편지를 뜯어보았다.

"아이고 수빈아, 고맙다."

아빠는 편지를 잡고 한두 방울 눈물을 흘렸다.

"우리 딸한테 이런 선물 처음 받아 본다."

"아빠, 우나?"

"그래."

아빠의 눈에도 눈물이 있었고 내 편지에도 눈물이 젖어 있었다.

"이번 생일은 너무 좋다."

아빠는 내 손을 꼭 잡고 말했다.

눈물 젖은 편지는 아빠의 손에 꼭 쥐어져 있었다.

✎ 아이가 한 자그마한 일에 부모가 감동하고, 다시 아이가 부모에게 감동한다. 아이의 작은 마음을 아버지가 아주 크게 받아들였기 때문이다. 이렇게 아이가 아버지, 어머니를 기쁘게 해 드리기 위해 어떤 행동을 할 때는 시큰둥하게 받아들이지 않고 정말 고마워하고 기뻐해야 한다. 그러면 아이도 아주 행복해한다.

아이들은 이렇게 별것 아닌 작은 일에서 사랑과 행복을 더욱 깊이 느낀다. 아이들에게 조금만 관심을 기울이면 이런 감동 있는 일은 얼마든지 만들어 낼 수 있다. 아이들이 하는 놀이 같이 하기, 재미있게 책 읽어 주기, 사랑의 편지를 써서 아이의 필통 속이나 신발 속에 넣어 놓기, 아이가 공부할 때 연필 깎아 주기, 머리 감을 때 도와주기, 언덕을 오를 때 손잡고 당겨 주기, 같이 꽃 심기, 옷매무새 다독거려 주기, 신발 끈 매 주기…… 사는 일이 바쁘고 힘들수록 더욱 이런 자그마한 일들을 만들어서 감동으로 사랑을 확인시켜 주면 그것이 다 아이에게 힘이 된다.

18 친절하고 따뜻한 부모

　다정한 부모 밑에서 자란 아이들은 세상을 따뜻한 눈으로 바라본다. 아이들을 다정하게 대하면, 아이들은 그 사람을 믿고 따른다. 그래서 다정한 말로도 얼마든지 아이들을 가르치고, 잘못도 고쳐 줄 수 있다.

　우리가 살아가는 모습을 가만히 보면 끊임없이 싸울 때가 많다. 부모가 아이를 대할 때도 화를 내거나 짜증을 내면서 말하는 경우가 흔하다. 사는 일이 힘겹다고 해도 이것은 무엇인가 잘못되었다. 어떻게든지 싸우고 화를 내면서 살아가는 태도를 친절하고 따뜻하게 살아가는 태도로 바꾸어 가야 한다. 그래야만 아이들도 건강하게 자라고 부모도 행복해질 것이다. 쉬운 일은 아니지만 집에서부터 부모와 아이가 행복해져야 나아가 이 사회도 따뜻한 사회가 될 것이다.

　부모가 아이를 함부로 대하면 아이는 불안해지고, 그 영향이 다시 부모에게로 온다. 그래서 모든 식구들이 모두 불안해지고, 누구도 즐겁고 편안하게 지낼 수 없다. 그것을 잘 알지만 아이들을 언제나 친절하고 따뜻하게 대하기는 어렵다. 부모도 사람이기에 피곤하기도 하고 화가 날 때도 많다. 그래도 노력은 하자. 부모가 아이들을 친절하고 따뜻하게 대하려고 노력할 때, 아이도 부모나 형제자매나 동무들을 친절하고 따뜻하게 대하려고 노력할 것이다.

우리는 늘 어떤 특별한 것에서 큰 행복을 얻으려고 한다. 그러나 그런 행복은 오래 가지 못한다. 그리고 그것이 사라지면 상처도 깊어 행복이 언제 왔다 갔는지도 모른다. 그것보다 날마다 살아가면서 작은 것에서 얻는 행복이 더 오래 간다. 그 행복했던 마음은 늘 가슴에 남아서 언제까지나 끊임없이 향기를 품어 낼 것이다. 아이에게 그런 마음을 가르쳐야 한다.

꼬막 까기

3학년 김영원

오늘 오후에 숙제를 하다가 큰방에 가 보니 엄마가 큰방 문 앞에서 한 소쿠리 가득 담긴 꼬막을 하나하나 까고 있었다.

"엄마, 이 꼬막 어디서 났어요?"

"저기 뒷방 할매가 먹으라고 갖다 주더라."

나는 엄마가 까서 플라스틱 통에 담아 놓은 꼬막 알맹이를 하나 먹었다. 그러자 엄마가,

"꼬막 소쿠리에 담긴 거 먹어라. 이거 엄마가 반찬 만들 꺼다."

하고 말했다.

"알았어요. 나는 엄마가 내 먹어라고 갖다 놓은 줄 알았잖아요."

나는 소쿠리에 담긴 꼬막을 하나 집어서 꼬막 입을 벌리려고 하는데 잘 안 되었다. 나는 힘을 주어서 다시 벌려 보았다. 이번에는 벌어졌다. 그런데 엄마가 하는 것을 자세히 보니 꼬막 입을 약간 벌려서 그 틈에 손톱을 끼워서 벌리는 거였다. 그렇게 하니 잘 벌어졌다. 내 동생 동진이가 꼬막 껍데기 안에 들어 있는 알맹이를 내 입에 넣어 주었다. 나도 하나 넣어 주었다.

"동진아, 맛있제?"

"어, 맛있다. 누나야도 맛있나?"

"어."

우리는 꼬막을 까서 플라스틱 통에 담았다. 그러고는 나도 하나 까서 먹었다. 나는 엄마한테,

"엄마, 엄마는 바닷가에 살았으니까 어릴 때 이런 꼬막 먹어 봤지요?"

"엄마는 어릴 때 꼬막 사 먹지는 못하고 바닷물 빠지면 갯벌에 가서 쪼만한 게 잡고 꼬막도 줍고 그랬다."

"아아아."

나는 고개를 끄덕였다.

꼬막을 계속 깠다. 엄마는 내가 꼬막 까는 것을 보고,

"영원이는 꼬막 잘 까네."

하셨다. 나는,

"누구 딸인데."

하며 내 입 안에 꼬막을 쏙 넣었다. 그러자 엄마 아빠가 씩 웃었다. 엄마는 내 입에 꼬막을 넣어 주었다. 내가 꼬막을 다 먹자 엄마는,

"됐다. 이제 목욕탕 가 가꼬 손 씻고 온나."

하셨다. 우리는,

"네."

하며 대답을 하고 목욕탕으로 가서 손을 씻었다.

나는 우리 집이 항상 오늘처럼 웃음꽃이 피어났으면 좋겠다.

✎ 식구들이 둘러앉아 꼬막을 까면서 이야기 나누는 모습만 보아도 마음이 참 따뜻해진다. 거기다 꼬막을 까서 서로 입에 넣어 주기도 하며 따뜻하게 대하고 있다. 그래서 아이는 "나는 우리 집이 항상 오늘처럼 웃음꽃이 피어났으면 좋겠다."고 했다. 참 행복한 모습이다. 이렇게 자란 아이는 사회에서도 따뜻한 태도로 살아갈 것이다.

다정한 엄마

6학년 김현지

얼마 전에 우리 식구들은 외할머니를 미국으로 모셔 드리기 위해 인천 국제공항에 갔다. 할머니를 비행기에 태워 드리고 집으로 오다 해바라기가 활짝 피어 있는 것을 보았다.

"우와! 꽃 이뿌다! 엄마 저것 좀 구경하고 가자!"

사람들이 길가에 차를 대어 놓고 앉아 음료수를 마시며 꽃을 구경하고 있었다.

"그렇게 꽃이 이뿌나? 그럼 구경하고 가자."

우리도 다른 사람들처럼 음료수를 뽑아 마시며 의자에 앉아 꽃을 구경했다. 그렇잖아도 날씨가 더워 목이 말랐는데 시원한 그늘에 앉아 음료수를 마시니까 정말 시원했다. 엄마는 나와 동생 사이에 앉아 우리 어깨에 슬며시 팔을 걸쳤다. 엄마가 갑자기 그러니까 좀 느끼하다는 생각이 들었다.

"아라야! 현지야!"

"엄마, 갑작스레 왜 그래?"

엄마는 꽤 느끼하게 말했지만 좀 진지한 표정이었다.

"현지야! 아라야! 현지는 이제 곧 6학년이 되고 아라는 1학년이 되제?"

"응. 근데 그건 왜?"

"다른 애들을 보니까 동생하고 사이좋게 안 지내는 아이들이 있더라고오. 우리 딸은 안 그럴 거라고 엄마가 믿어두 되제?"

"응. 진짜로 안 그럴 거야."

"그리고 우리 식구들끼리 싸우지 말고 다정하게 지내야 한다, 알겠제?"

"응. 근데 정말 궁금한 거 있어."

"뭐가 그리 궁금한데?"

"있지이, 아니야! 그냥 우리 식구들끼리 사이좋게 지낸다고오."

"니 엄마한테 뭐 숨기는 거 있나?"

"아아니."

엄마는 나와 동생을 살짝 간지럼 태웠다가 다시 살포시 안아 주었다. 왠지 엄마의 품이 더 따뜻하게만 느껴지는 게 엄마가 너무너무 좋았다. 그리고 음료수도 너무너무 달콤하고 흐르던 땀도 어느새 다 식었다. 할머니가 미국으로 가서 좀 섭섭했지만 그 대신 엄마의 사랑을 느낄 수 있어 좋았다. 엄만 엄마의 엄마가 미국으로 가는데 기분이 괜찮은가 모르겠다.

✎ 부모의 다정하고 따뜻한 태도는 이렇게 아이들 마음의 문을 활짝 연다. 그때는 무슨 말을 해도 받아들일 자세가 되어 있다. 그때 이 어머니처럼 말한다. "다른 애들을 보니까 동생하고 사이좋게 안 지내는 아이들이 있더라고오. 우리 딸은 안 그럴 거라고 엄마가 믿어두 되제?" 그러면 아이는 진정한 마음으로 받아들인다.

아이는 또 이렇게 해서 "엄만 엄마의 엄마가 미국으로 가는데 기분이 괜찮은가 모르겠다." 하며 어머니의 마음까지 헤아리는, 마음이 넓고 깊은 아이가 된다.

엄마

5학년 김광호

지난 금요일이다. 여느 때와 똑같이 열심히 숙제를 하고 있었다.

'아씨, 숙제 옥수로 많네. 빨리빨리 해야지, 원!'

그래서 바쁘게 막 하고 있는데 문이 철컥거렸다. 나는 옆집인 줄 알고 숙제를 계속했다. 할머니가 나와 우리 집이라고 했지만 나는 그냥 옆집이라고 우겼다.

"광호야, 밖에 누가 있는 거 같다."

"누구? 아이고, 없다. 내 숙제도 많은데, 아이씨."

"야, 계속 칸다. 좀 열어 봐라!"

"아아씨, 없다 카이!"

그래 놓고 잘 생각해 보니까 이 시간에는 누나가 올 시간이다.

'아! 누난갑다!'

문을 열려고 가는데도 철커덕거렸다. 정말 요란스러웠다. 그런데 여니까 엄마가 확 들어왔다.

"어? 엄마가?"

"카믄, 누군 줄 알았디노? 밥 묵자."

원래는 문을 빨리 안 열면 소리를 꽥 지르는데 오늘은 왠지 이상한 것 같았다. 나도 밥을 안 먹었는데 엄마가 라면을 먹자고 했다. 엄마는 라면 신이다. 엄마의 라면은 정말 맛있다.

"와아, 엄마표 라면 정말 맛있다!"

"맞제? 그라믄 김치도 묵고 딴 거도 좀 무라. 자 무라."

엄마가 다정하게 하니까 정말 기분이 좋았다. 또 라면을 먹으면서 이야기도 많이 나누었다. 엄마가 그렇게 다정한 건 처음인 것 같다.

"자 무라."

"알았당게로."

"자, 김치 묵고."

"엄마도 먹어라. 안 먹나?"

"나? 나도 묵는다. 우리 아들 많이 무라."

엄마는 계속 나한테 웃음을 띠었다. 그래서 나는 엄마한테 시험지 이야기도 하고 친구들 이야기도 하고 다 이야기했다.

나는 라면을 빨리 먹고 숙제를 하려고 했다.

"잘 먹었습니다. 빨리 숙제 해야지."

"숙제? 어떤 건데?"

"디스켓 정리랑 이런 거."

"좀 도와주까?"

"마 됐다. 혼자 할란다."

숙제 하면서도 이야기를 했다. 엄마가 장난도 걸고 해서 너무 기분이 좋아서 숙제를 얼른 다 했다. 엄마가 날 사랑하고 있는 게 저절로 느껴진다.

✎ 어머니가 웃음을 띠면서 다정하게 대해 주니까 아이는 시험지 이야기도 하고 친구들 이야기도 하면서 자기의 속내를 다 드러내 놓는다. 아이에게 다정하고 친절하게 대하는 것은 무엇을 도와줄까, 하는 마음의 표현이기도 하다. 그럴 때 아이는 자신의 고민도 쉽게 털어놓는다. 힘든 이야기를 털어놓는 것만으로도 마음의 짐이 많이 덜어질 것이다. 그래서 아이는 늘 건강한 마음으로 튼튼하게 자랄 수 있다.

아빠의 뽀뽀

며칠 전 토요일, 저녁밥을 먹고 있는데 아빠가 현관문을 살며시 열고 들어오셨다.

"아빠, 진지 잡수세요."

"아이고오, 그래! 우리 딸이 좋다. 많이 무라."

아빠는 눈웃음을 지으면서 내 등을 '톡톡' 두드려 주셨다. 나는 아빠 수저를 식탁 위에 놓고 따뜻한 밥을 갖다 드렸다.

그런데, 아빠는 내가 밥 반 공기 먹고 있을 때 한 공기를 뚝딱 드시고는 나에게,

"니는 이빨이 시원찮아서 밥도 빨리 못 먹는구나."

하셨다.

"괜찮아요."

"아빠가 돈 벌어서 이빨 고쳐 줄게."

나는 괜히 눈물이 났다. 그리고 엄마, 아빠한테 미안한 마음이 들기도 했다.

아빠는 나를 무릎에 앉혀 놓고 수염이 까칠까칠한 입으로 내 볼에 뽀뽀를 해 주셨다. 나는 눈을 찔끔 감았다. 아빠는 머리도 손질해 주고 어깨도 주물러 주셨다. 나도 아빠 어깨와 팔다리를 주물러 드렸다.

'아빠 다리가 와 이래 딱딱하노. 하루 종일 산에서 일하고, 집에 와서는 군불까지 지피니까 안 그럴 수가 있겠나. 내가 아빠한테 잘해야 되는데……'

"아이고오, 우리 딸 잘한다! 우리 딸 정말 이쁘네! 용돈 많이 주

께."

아빠 얼굴에는 웃음이 가득했다. 나도 기분이 좋았다.

✏️ "아이고오, 그래! 우리 딸이 좋다. 많이 무라." 이렇게 칭찬
해 주고, 웃음 띤 따뜻한 얼굴로 대하고, "니는 이빨이 시원찮아서
밥도 빨리 못 먹는구나." 하며 따뜻하게 위로해 주는 것, 이것이 아
이의 마음을 울린다. 이보다 더 깊은 감동을 주는 일이 또 있을까?
그래서 아이가 아버지를 생각하는 마음 또한 크게 일어난다.

19 아이와 즐거운 시간 보내기

요즘 아이들은 잘 놀 줄을 모른다. 잘 놀 줄 모른다는 것은 몸과 마음을 튼튼하게 해 주는 좋은 놀이를 잘 모른다는 뜻이기도 하다. 학교와 학원, 그리고 집을 바삐 왔다 갔다 하면서 어쩌다 시간이 나면 컴퓨터 게임이나 하는 것이 요즘 아이들 모습이다.

어쩌다 놀 시간이 있어도 같이 놀 동무도 별로 없다. 내가 시간이 나면 다른 아이들이 학원에 가고 다른 아이가 놀 시간이 나면 내가 학원에 가야 한다. 놀 시간이 나도 뭘 하고 놀아야 할지, 잘 모르는 아이들도 많다. 그래서 놀이도 가르쳐 주어야 한다. 옛날이야 놀이 같은 것은 안 가르쳐 주어도 스스로 놀 거리를 찾아 놀았지만 요즘은 그렇지 않다. 놀이 학원이 또 생겨야 할 판이다.

놀이는 아이들 삶의 전부라고 해도 지나치지 않다. 아이들은 놀이를 하면서 자신이 무엇을 잘할 수 있는지 발견하고, 말과 사회관계를 배우고, 어떤 일을 계획하거나 문제를 해결하는 힘도 키운다. 지금 아이들은 이런 놀이와 삶을 다 빼앗겨 버렸는데도 어른들은 걱정을 안 한다. 아니 아예 모른다.

요즘 부모들은 아이들과 함께하는 시간이 얼마나 될까? 부모는 먹고사는 일이 바쁘고 아이는 학원에 내몰려 함께할 시간이 별로 없다. 맞벌이 부부는 훨씬 더할 테다. 한 아이가 쓴 시가 떠오른다.

요즘 우리 가족은 잘 모이지를 못한다. / 왜냐하면 엄마와 아빠가 장사를 나가고 / 나와 형은 학원에 가기 때문이다. / 엄마, 아빠가 집에 오면 형과 내가 없고 / 형과 내가 집에 오면 엄마, 아빠가 없다. / 그래서 우리 가족은 이산가족 같은 신세다. ― '우리 가족' 6학년 김동민

요즘 많은 아이들이 살아가는 모습이다. 마음이 아려 온다. 바쁘더라도 짬짬이 아이와 함께하는 시간을 많이 만들어야 한다. 아이가 어려운 일을 겪을 때일수록 더욱 가깝게 다가가 아이와 즐겁게 같이 놀아야 한다. 그래야 아이도 행복해지고 우리도 행복해진다.

아빠와 놀기

오늘은 하루 내내 범수와 밖에서 놀면서 스트레스를 풀었다. 너무 재미있고 그동안 쌓였던 많은 스트레스가 한꺼번에 다 풀리는 것 같아 좋았다. 한참을 놀다 아빠랑 슈퍼에 갔다 와 저녁을 먹었다.

저녁을 다 먹자 동생 범수가 아빠한테 또 밖에 나가 놀자고 졸랐다. 그래서 아빠, 나, 범수 이렇게 셋만 밖에 나갔다. 나는 킥보드를 탔고 범수는 자전거를 탔다. 밖에는 사람들이 많이 없을 것 같았는데 일고여덟 명의 남자아이들이 인라인 스케이트를 타고 있었다. 나는 범수랑 번갈아 가며 자전거도 타고 킥보드도 타고 의자에 앉아서 잡기놀이 게임도 했다.

우리가 덥고 힘들어 잠깐 앉아 있을 때 우리가 타고 놀던 킥보드를 타는 아빠를 봤다. 나는 킥보드 타는 우리 아빠를 처음 보았다. 아빠는 재미있는지 계속 탔다. 아빠랑 같이 타고 싶어서 범수한테 자전거를 빌려 아빠를 따라가며 같이 타니까 더욱 재미있었다. 내가 두발자전거를 타 보는 것이 오늘이 두 번째라 잘은 못 탔지만 아빠가 킥보드에서 내려서 잡아 주기도 하며 잘 탈 수 있도록 도와주었다. 그러니 자신감도 생기고 자전거를 더욱 잘 탈 수 있을 것 같았다. 나랑 범수가 같이 자전거랑 킥보드를 탈 때는 아빠는 벤치에 앉아 웃는 얼굴로 우리를 지켜보았다. 항상 일 때문에 바빠 우리랑 잘 놀아 주지 못했던 아빠가 오랜만에 우리랑 같이 재미있게 놀아 주니까 다른 날보다 더 멋져 보였고 좋았다.

한참 놀고 보니 내 이마에는 땀이 났다.

"아빠, 킥보드 재밌지?"

"응."

'우리 아빠 최고다, 최고!'

잠시 아무 말이 없다가 아빠가 얘기했다.

"소영아, 아빠는 우리 소영이를 제일 예뻐하는 줄 알지?"

나는 고개를 끄덕였다.

"범수랑 자꾸 싸우지 말고 엄마 화나게 하지 마. 알았지?"

"네."

아빠는 나를 꼬옥 껴안아 주었다. 너무 행복했다. 아빠 냄새가 향수보다 더 좋게 느껴졌다.

✎ 놀이 가운데도 몸으로 하는 놀이는 더욱 좋다. 아이들끼리도 그런 놀이를 하면 좋은데 아버지와 살을 비비며 함께하니 얼마나 좋을까! 아이와 함께 즐겁게 시간을 보내며 같이 놀면 아이는 살아가는 데 큰 힘을 얻는다. 이것은 아이가 앞으로 살아갈 날을 위해 아이의 삶터에 행복의 씨앗을 뿌려 놓는 일이기도 하다.

아이가 놀 때 옆에 앉아 웃는 얼굴로 지켜봐 주기만 해도 아이는 행복해한다. 부모가 지켜봐 주면 그것만으로도 든든한 울타리를 얻은 것으로 생각하며 뿌듯해한다. 아이는 부모의 울타리 안에서 마음껏 놀면서 건강하게 살아간다. 또 부모가 즐겁게 노는 모습을 아이가 지켜보는 것도 좋다.

인라인 스케이트 잘 타네

6학년 김미연

나는 아빠랑 인라인 스케이트 타러 두류 공원에 갔다. 거기에는 인라인 스케이트 타는 사람들이 많았다. 아빠는 아직 인라인 스케이트가 없어서 하나 빌렸다. 아빠는 조금 초보다. 그래서 나는 타는 방법을 가르쳐 드렸다.

아빠는 내가 타는 것을 보고,

"미연아, 니 인라인 스케이트 잘 타네."

잘 못 타지만 아빠는 나에게 이렇게 칭찬 한마디를 해 주어 기분이 좋다. 아빠는 초보치고 잘 탄다. 점점 달리는 속도가 빨라졌다. 아빠는 내가 처음 탈 때보다 잘 탔다. 아빠는 내가 잘 탄다고 했지만 나는 그렇게 잘 타는 것은 아니다.

"아빠가 더 잘 타네."

"아빠는 너보다 못하지. 아빠가 너를 어떻게 따라잡노."

"아빠도 잘 타는데."

아빠는 나보다 많이 타면 더 잘 탈 것 같다.

"미연아 너는 어떻게 그렇게 잘 타노?"

"나는 아빠보다 더 많이 타서 아빠는 아직 날 못 따라오잖아. 아빠도 나랑 매일 같이 타면 아빠도 빨라져."

아빠가 진짜 날 따라잡으면 내가 연습을 해야겠다. 아빠가 잘 탄다고 해 주니 감동을 받았다.

✎ 아이와 함께 인라인 스케이트나 다른 운동을 같이 하면 더욱 좋다. 같은 운동을 좋아한다는 것만으로도 벌써 한마음인데 힘겨움도 함께하게 되어 아이와 더욱 가까워진다.

아이와 함께 등산을 가 보자. 등산을 하면 아이의 몸과 마음이 튼튼해질 뿐만 아니라 다른 좋은 것도 배울 수 있다. 아이 혼자 힘으로 오르기 어려운 능선이나 바위 같은 곳에서는 뒤에서 밀어 주거나 앞에서 손을 잡고 당겨 주어야 한다. 이때 아이가 뒤에서 밀어 주거나 앞에서 당겨 주는 사람을 믿지 않으면 그런 장애물을 넘기 어렵다. 그래서 믿음을 감동으로 심어 주는 참 좋은 기회도 된다.

부모가 아이가 좋아하는 운동을 함께하는 시간을 많이 내면 좋겠다.

엄마와 나, 내 동생

4학년 곽소현

저녁에 동생들과 누워 있는데 엄마가 와서 이불 속으로 손을 넣어 우리를 꼭 잡았다. 우리는 깔깔 웃으면서 안 잡히려고 이불을 더 꼭 잡고 덮어썼다. 그러다 보니 저절로 놀이가 되었다. 우리가 이불 속에 들어가서 엄마의 손에 잡히면 탈락이 되는 놀이다.

이제는 엄마보고 우리가 이불 속에 들어간 뒤에 잡아 보라고 했다. 먼저 나와 동생 아현이와 미현이 이렇게 셋이서 이불 속에 들어갔다. 갑자기 이불 속으로 엄마의 손이 불쑥 들어왔다. 나는 깜짝 놀라,

"엄마야!"

소리치며 눈이 휘둥그레졌다. 나는 다시 놀란 마음을 가라앉혔다.

"어디 보자. 우리 큰 딸래미는 어데 있노?"

엄마는 손을 요리조리 움직이며 우리의 발과 다리, 손을 간지럽혔다.

"아하하하……. 아아, 간지러! <u>흐흐흐흐흐</u>……."

나는 그만 엄마한테 붙잡히고 말았다.

엄마는 다시 이불 속으로 들어가라고 했다.

"앗싸비요!"

원래는 잡히면 못 들어가고 다음 판에 들어갈 수 있는데 엄마가 들어가라고 해서 손뼉을 짝짝짝 쳤다.

"엄마, 땡큐우!"

나는 땡큐를 좀 웃기게 말했다. 그러니까 엄마가,

"하하하……."

크게 웃었다. 나도 마구 웃었다.

"시작!"

"어디 보자. 어디 있지? 우리 딸래미들이 모두 어디 갔지?"

"히히히……."

나는 엄마가 못 잡도록 구석에 있었다. 그런데 엄마가 내 다리를 살살 간지럽힌다.

"아하하하……."

그러면서 엄마는 나를 밖으로 끌어당겨 내지를 않았다.

"휴우, 다행이다!"

나는 이제야 안심이다, 생각하고 있는데 엄마가 나를 확 끌어당겼다. 그 바람에 벽에 머리를 쾅 박았다.

"아아!"

"아이구, 괜찮나?"

엄마가 내 머리를 만져 주었다. 나는 울음이 밀려 나오려고 하는 것을 꾹 참았다.

"아호오!"

머리를 만져 보니 다행히 혹은 나지 않았다. 그래도 나는 좋다. 맨날 맨날 엄마 아빠가 이렇게 놀아 주면 좋겠다.

엄마가,

"현아, 덥나?"

하고 말했다.

"아아니."

다시 했다. 이제는 내 동생 아현이가 끌려 나가려고 했다.

"안 돼!"

나는 아현이를 끌어당겼다. 그런데 결국에는 끌려 나가고 말았다.

"에에이! 어? 왜 다시 들어와?"

"으응? 아아, 아현이는 애기잖아."

우리는 한참 더 놀았다. 땀이 막 났다. 나와 내 동생과 엄마하고 막 뒹굴기도 했다. 우리가 마치 어느 행복 나라에 있다는 기분이 들었다.

"엄마, 엄마, 다음에 또 놀자, 응?"

하니까 엄마는,

"쪼오치!"

하면서 우리 셋을 꽉 끌어안아 주었다.

✎ 어머니가 아이들과 놀아 주는 장면이다. 어린아이일수록 이렇게 몸이 부딪치는 놀이를 함께하면 더욱 좋다. 아이들과 놀아 줄 때는 아이에게만 집중해야 한다. 그래야 아이들은 놀이 속에서 행복을 더 크게 느낀다. 이것은 아이들의 심성에 아주 좋은 영향을 미친다.

윷놀이

4학년 권정민

할머니 댁에서 윷을 얻어 왔다. 우리 식구끼리 윷놀이를 하기 위해서다. 먼저 이불을 깔아 놓고 두꺼운 종이에 말판을 그렸다. 팀은 남자와 여자로 나누어서 했다. 남자는 아빠와 오빠, 여자는 엄마와 나다.

누가 먼저 윷을 노는지 정했다. 아빠가 윷, 엄마가 도다. 차례는 아빠, 나, 오빠, 엄마다. 먼저 아빠가 개를 던졌다. 내 차례가 되자 엄마는,

"개 해라 개! 개야 개야 개야! 아아아!"

그만 나는 뒷도가 나왔다. 엄마에게 너무 미안했다.

그 다음은 오빠 차례다. 또 개가 나와서 윷 자리로 도망을 가 버렸다.

엄마 차례다.

"윷이여! 윷윷윷 유윷! 아이고오! 도밖에 몬하네!"

아아 정말! 우리가 자꾸 지고 있다.

아빠 차례다.

"자 한 사리 하자! 모여! 아이고오!"

뒷도가 나왔다. 엄마는 아빠 턱밑에 얼굴을 갖다 대고,

"하하하하, 개만 하면 잡는다. 요봉, 참 잘했어용!"

하며 애달구었다. 그러니까 아빠는,

"걱정들 마시라우요. 우리가 이긴당게용."

하고 말했다.

내 차례다.

"개야 개야 개에야!"

엄마가 막 응원을 해 주었다. 그런데 개보다 나은 윷이 나왔다. 한 번 더 던지니까 뒷도가 나왔다. 하여튼 난 먼저 가고 있던 아빠의 말을 잡고 한 번 더 놀았다. 개가 나왔다. 엄마는 그래도 좋다고 한다. 엄마는 눈웃음을 지으며,

"우리 정민이 잘 했어용! 여보 용용 죽게지용."

하면서 좋아서 난리다.

오빠도 응원을 막 한다.

"아빠! 아빠도 잡아! 모, 도 하면 돼! 모랑 도 해라! 모야 모야 모야!"

모두 다 흥분이 되었다. 서로 도 해라 개 해라 소리를 쳤다. 오빠는 자기 차례인데도 아빠가 던지는 듯이 말을 했다. 너무 흥분이 되어서 그랬나 보다. 오빠가 윷가락을 던졌다. 윷이다. 우리는 안 잡혔다. 다음은 도다.

엄마 차례다. 마구 소리치면서 윷가락을 던졌다.

"와아! 모다 모!"

한 번 더 던졌다. 윷이다. 아빠와 오빠는 엄마보고 치사한 방법을 썼다고 막 떼를 썼다. 윷가락 세 개는 바닥에 그대로 놓으면서 한 개를 위로 던졌다고. 그렇지만 그건 애타니까 그러는 거다.

드디어 우리가 이겼다.

"으하하하……."

"호호호호호……."

"히히히히히……."

정말 기분이 좋았다. 이긴 것도 좋지만 다 같이 하니까 정말 마음

이 붕붕 뜨는 것 같다. 월드컵 4강 진출보다, 컴퓨터 시험에 합격한 것보다, 시험에 모두 백 점 맞은 것보다 기분이 더 좋다.

✎ 이 글에는 식구들이 즐겁게 윷놀이하는 장면이 생생하게 잘 나타나 있다. 글 전체에서 식구들이 즐거워하는 모습이 잘 나타나 있지만 끝부분을 보면 얼마만큼 즐거운지 더욱 또렷이 나타나 있다. "월드컵 4강 진출보다, 컴퓨터 시험에 합격한 것보다, 시험에 모두 백 점 맞은 것보다 기분이 더 좋다."고 했다.

이 글에서 보는 것처럼 부모가 아이와 함께하면 아이와 정이 쌓이는 것은 말할 것도 없고, 아이가 행복해지고, 세상을 긍정하는 자존의 힘이 생기고, 믿음이 생기고, 그 밖에도 좋은 영향을 받는다. 귀찮다고 이런저런 핑계로 아이와 함께할 시간을 피해 가지 말고 일부러라도 시간을 내야 한다. 억지로가 아닌 사랑을 듬뿍 담은 진정한 마음으로.

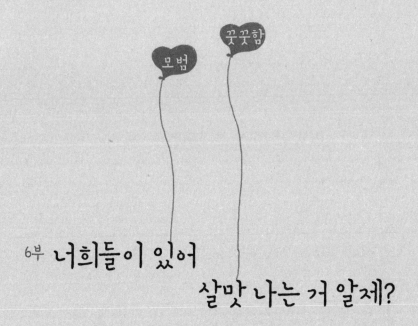

6부 너희들이 있어 살맛 나는 거 알제?

20 모범을 보여 주자

골목길에서 어린아이들이 노는 모습을 보았다.

"말 들을 거야 안 들을 거야, 응? 말 안 들어? 그러면 맞아라, 맞아!"

이러면서 인형을 매로 때린다. 나는 그것을 보면서 아이가 어머니 행동을 그대로 따라 하고 있구나 싶었다.

이런 짤막한 예가 아니더라도 아이들을 보면 부모를 알 수 있다. 반대로 부모를 보면 또 아이들을 알 수 있다. 아이들은 부모가 생활하는 모습을 고스란히 따라 한다. 말이나 행동, 버릇, 성격, 능력까지도 닮는다. 그만큼 부모들의 말과 행동이 중요하다.

아이들은 부모가 아이들 앞에서 별생각 없이 하는 행동을 보고 나쁜 점을 더 빨리 배운다. 그 모습이 머릿속에 더 쉽게 새겨지기 때문이다.

또 어떤 부모는 자신은 바르게 살지 않으면서 아이들한테 바르게 살라고 한다. 말로 해서 안 되면 꾸중하거나 벌을 주기도 한다. 그러면 아이의 행동이 잠깐 고쳐지는 것 같지만 결국에는 다시 옳지 않은 행동을 한다. 부모에게 꾸중만 들을 경우 어떤 상황에서 어떻게 행동해야 하는지 뚜렷하게 제대로 배우지 못하기 때문이다.

좋은 모습이 아이의 마음에 새겨지도록 하자면 부모가 좋은 행동을 보여 주어야 한다. 아이들은 남들이 쉽게 할 수 없는 행동을 자신의 부모가 하면 자긍심을 느끼고, 또 자신의 부모가 다른 사람들에게 칭찬을 들으면 뿌듯해한다. 그러면서 그런 행동을 자신이 할 수 있도록 깨우쳐 준 부모에게 고마워하는 마음이 생긴다. 그래서 아이들은 부모가 모범 행동을 할 때 감동받는다.

겉보기에는 진실한 행동인 것 같아도 속에 거짓된 마음이 조금만 들어 있으면 아이들은 감동하지 않는다. 아이들 눈은 정확하기 때문이다. 부모는 늘 진실한 마음으로 행동하고, 말과 행동이 일치해서 아이에게 믿음을 주어야 한다.

샌드위치 하나

5학년 김현지

얼마 전에 컴퓨터 선생님이 곧 워드 시험이 있다고 했다. 그래서 토요일에도 점심까지 굶어 가며 시험공부를 했다. 학과 수업은 열두 시 삼십 분쯤에 마치고 바로 컴퓨터 공부를 했다. 그때 문득 엄마가 점심 갖다 준다고 집에 안 오면 전화하라고 한 말이 생각나 엄마한테 전화를 했다.

"여보세요? 엄마?"

엄마는 나를 많이 기다린 것 같았다.

"현지가? 학교 수업 다 마쳤나?"

"응. 점심 갖다 줘야지."

"알았다. 곧 뛰어갈게. 교문 앞에서 조금만 기다리고 있어라."

난 엄마가 올 동안 교문 앞에서 발을 동동 구르며 기다렸다. 한 십 분쯤 지났을 때 엄마가 나를 부르면서 뛰어왔다. 그러곤 봉지를 나한테 주며 웃었다.

'빵 봉투네? 그럼 빵 사 왔나? 그래. 빵도 좋지 뭐.'

기대하는 표정으로 봉지 안을 슬쩍 들여다봤다.

"어? 엄마, 샌드위치 두 개나 샀네? 왜 두 개나 샀어? 하나 먹어도 되는데."

엄마는 내 말에 기가 막힌다는 듯이 눈동자를 좌우로 돌려 가면서 나를 봤다.

"안 그래도 말하려던 참이었다. 내 생각엔 아무래도 안 가져온 애들이 많을 것 같아 하나는 나누어 먹으라고 사 왔다. 그러니까 꼭 누구에게 줘라."

"엄마, 내가 다 먹으면 되지, 왜 또 줘? 사느라고 돈 더 들었을 텐데. 내가 그냥 먹을게."

"안 돼! 야가 야가 뭔 소리 하노? 엄마가 그랬제? 없어 가지고 힘들어하는 사람한테는 아무 말 없이 나누어 주는 거라고. 친구하고 그거 하나 같이 못 나눠 먹나? 그러니깐 꼭 줘라. 알았나?"

'치이, 뭐 그거 가지고 화내기는.'

"현지야, 이제 앞으로는 없는 사람하고 꼭 나누어 먹어야 한다."

"알았어."

나도 그걸 모르는 바보는 아니다. 그냥 그래 본 거다. 하여튼 우리 엄마한테 좀 더 본받아야 되겠다.

✎ 저학년 아이들은 나누어 먹는 까닭을 잘 모른다. 그저 내 것 내가 먹지 왜 남에게 주나, 하고 단순하게 생각한다. 그러나 고학년 아이들은 그런 것쯤은 다 깨우치고 있다. 다만 행동이 몸에 배지 않았을 뿐이다.

이 아이도 음식을 나누어 먹어야 한다는 것을 어머니에게서 교육받아 온 아이다. 그러니까 "엄마, 내가 다 먹으면 되지, 왜 또 줘? 사느라고 돈 더 들었을 텐데. 내가 그냥 먹을게." 하고 말한 것은 어머니가 다른 아이에게까지 사랑을 베풀어 주는 것을 시샘하는 표현이라 할 수 있다. "나도 그걸 모르는 바보는 아니다. 그냥 그래 본 거다." 이 말을 보면 알 수 있다.

어쨌든 아이는 어머니가 이렇게 샌드위치 두 개를 가져와 친구들과 나누어 먹으라고 한 데 감동받았다. 이 감동은 다시 아이의 행동으로 이어질 테다.

무엇이든 도와줘야 된다

5학년 서윤희

아빠와 공원에 갔다. 그런데 나무 그늘에 어떤 할머니가 어리둥절한 모습으로 서 있었다. 이 모습을 본 아빠가 할머니 있는데 가서,

"할머니, 왜 그러시는교?"

했다.

"아이고오, 우리 아들 집이 어디 있는지 모르는겨?"

아빠는 무슨 동인지 물었다. 할머니는,

"그거야 옥산동이지."

하고 말했다.

"아파트라요?"

"잘 모르겠는데…… 아이고오, 우방이라 카든가?"

아빠는 경비 아저씨한테 물어본다고 했다. 할머니는 자꾸 고맙다고 했다.

"아, 아닙니다. 그런데 몇 동 몇 호인지 아세요?"

"잘 모르겠는데."

아빠가 경비 아저씨한테 이야기하니까 경비 아저씨가 찾아 준다고 했다.

"아빠, 그런데 저 할머니 아는 분이야?"

"아니."

"그런데?"

"몰라도 도와줘야 돼."

"안다!"

"알면서 왜 그러는데?"

"……"

"아빠가 보여 준 모습대로 실천해라. 알았제?"

"네에, 알았습니다."

"하하하하하……"

아빠는 웃는데 나는 얼굴이 붉어졌다.

✏️ 아버지가 아들 집을 못 찾는 할머니를 친절하게 도와주는 모습을 보고 아이는 "아빠, 그런데 저 할머니 아는 분이야?" 한다. 아이가 몰라서 묻는 것이 아니다. 알지만 그런 행동에 익숙하지 않아서 괜스레 물어본 것일 테다. 그렇지만 이럴 때 아버지가 모범 행동을 보이고 "몰라도 도와줘야 돼." "아빠가 보여 준 모습대로 실천해라. 알았제?" 이렇게 또렷이 알려 주는 것은 아주 중요하다. 그래야 아버지처럼 아이도 스스럼없이 그렇게 행동할 수 있다.

좋은 행동이지만 남들이 쉽게 잘 안 하는 행동을 하려면 괜스레 겸연쩍어지기도 한다. 그래서 용기가 필요하다. 그 용기를 길러 주는 방법 가운데 가장 좋은 방법이 이처럼 부모가 먼저 행동으로 보여 주는 것이다. 끝에 "아빠는 웃는데 나는 얼굴이 붉어졌다."고 한 데서 아이의 마음을 또렷이 읽을 수 있다.

우리 엄마

6학년 박채연

엄마와 함께 목욕탕에 갔다.

"엄마, 우리 저기 앉을까?"

"아이다. 그쪽은 사람들이 너무 많아 시끄럽다."

"그럼 엄마가 말한 대로 저쪽 편에 가까?"

"그래. 그럼 의자 두 개랑 대야 두 개 가져와."

"알았어."

의자 두 개랑 대야 두 개를 가지고 사람이 많이 없는 쪽으로 가서 앉았다. 엄마 옆에는 어떤 할머니 한 분이 앉아 있었다.

"엄마, 나는 탕 안으로 들어간다."

"그래."

엄마도 탕 안으로 들어왔다. 한 십 분쯤 있다가 자리에 오니 엄마 옆에 계시는 할머니가 손도 닿지 않는 등을 밀고 있었다.

"할머니, 혼자 오셨어요?"

"우리 딸이랑 같이 올라고 했는데 못 왔슈."

"할머니, 제가 등 밀어 드릴게요."

"아이구 새댁, 괜찮아."

"제가 밀어 드릴게요."

"이제 다 밀었는데 뭐."

"할머니 손이 등까지 안 닿아서 아직 덜 밀렸어요. 이왕 목욕탕에 오셨는데 개운하게 깨끗이 다 밀고 가야죠."

"난 괜찮아, 새댁."

"할머니, 타올 주세요."

엄마는 손이 등에 닿지 않는 할머니 등을 밀어 주었다.

"할머니, 아프지 않죠?"

"응, 새댁. 아주 시원혀."

"예."

엄마는 자기 몸 씻듯이 모르는 할머니 등을 깨끗이 밀어 주었다.

"할머니, 개운하세요?"

"응, 새댁. 너무 개운하고 시원혀. 고마워."

"아니에요."

"아이고, 참 친절한 새댁이네. 고마워, 새댁."

"아니에요."

"이거 하나 받아요."

할머니는 엄마에게 요구르트 하나를 건네며 말했다.

"저도 마실 것 있는데……."

"그래도 이거 받아."

"감사합니다."

엄마는 어쩔 수 없이 요구르트 하나를 받았다. 나는 엄마에게 물었다.

"엄마, 모르는 사람한테 힘들게 등은 왜 밀어 주는데?"

"할머니 손이 등까지 안 닿잖어."

나는 더 이상 말하지 않았다.

'엄마, 정말 고마워요, 나를 깨닫게 해 주어서.'

✎ 아이는 어머니와 할머니가 주고받는 말 속에서 어머니가 할머니를 대하는 진정한 마음을 느꼈을 것이다. 이 어머니는 아이에게 이렇게 해야 한다, 저렇게 해야 한다, 가르치는 말을 한마디도 안 한다. 다만 행동으로 보였을 뿐이다. 아이가 "엄마, 모르는 사람한테 힘들게 등은 왜 밀어 주는데?" 하고 물어도 이렇다 저렇다 설명하지 않고 "할머니 손이 등까지 안 닿잖어." 이 말만 한다. 그러니까 아이는 더 말하지 않고 "엄마, 정말 고마워요, 나를 깨닫게 해

주어서." 이렇게 생각한다.

아이를 깨우쳐 주는 것은 말이 아니고 행동이란 것을 다시 한 번 확인할 수 있다.

아빠

6학년 김동민

우리 가족은 저녁에 외식을 하러 갈비 집에 갔다. 아빠는 형과 나보고,

"얘들아, 너희들 뭐 먹을래?"

하고 말했다. 나는 형과 같이,

"갈비요!"

하고 합창을 했다. 그러자 아빠는 아주머니께,

"여기요!"

하고 불렀다.

"뭐 주문하실랍니까?"

"갈비 5인분이랑 소주 한 병, 사이다 두 병 주세요."

"네."

음식이 나왔다. 사이다를 마시기 위해 컵에 따랐다. 그런데 아주머니가 실수로 사이다를 아빠 바지에 쏟아 버렸다. 아주머니는 안절부절못했다. 그런데 아빠는 웃으면서,

"괜찮아요."

하는 것이다. 엄마는 아빠의 바지를 닦았다.

고기를 구워 먹었다. 그런데 내가 잘 모르고 아빠의 손등 위에 고기를 떨어뜨렸다. 그때 또 아빠는 이렇게 말했다.

"동민아, 잘 먹을게."

"아빠, 그게 아니라……."

"알았다. 그럼 쌈 싸 줘."

나는 어리둥절해하면서 쌈을 싸서 아빠의 입에 넣어 주었다. 아빠는 아주 맛있게 먹었다. 우리도 맛있게 먹었다. 나는 이 글을 쓰면서 아빠의 행동을 한 번 더 생각해 보았다. 우리 아빠가 참 멋있다.

✎ 아이의 아버지는 음료수를 쏟아 당황해하는 아주머니에게 "괜찮아요." 하고, 아이가 아버지의 손등에 고기를 떨어뜨렸을 때는 "동민아, 잘 먹을게." 한다. 아이가 미안해서 당황해할 때 "알았다. 그럼 쌈 싸 줘." 해서 아이를 안심시킨다. 정말 유머가 넘치는 아버지다. 이런 아버지가 있는 집은 언제나 웃음이 넘치고 기운찰 것이다.

아이는 글을 쓰면서 아버지의 행동을 한 번 더 생각한다. 아이들은 부모의 행동을 그냥 보아 넘기지 않고 이렇게 곱씹으며 되돌아보기도 한다는 것을 잊지 말자.

끝에 아이는 "아빠가 참 멋있다."고 했는데, 정말 내가 봐도 멋있다.

극장에서

5학년 이지수

지난 유월에 있었던 일이다. 아빠가 한턱 쏜다고 했다. 대구 메가박스라는 영화관에 갔다. 우리는 많고 많은 영화 때문에 조금 고민을 했다. 왜냐하면 보고 싶은 게 너무 많았기 때문이다. 그러다가 결국엔 월드 디즈니에서 만든 '니모를 찾아서'를 보기로 결정했다.

우리는 기다리다 시간이 되어 영화관 안으로 들어가 자리에 앉았다. 선전이 끝나고 영화가 시작되었다.

"와아, 진짜 같다!"

흔들리는 물결, 파도 소리 등등 아주 잘 만들었다. 내용은 생략하겠다.

그렇게 영화가 다 끝나고 나가기 시작했다. 후유, 그런데 극장 안이 말이 아니다. 완전 쓰레기통이다. 아빠는 그게 못마땅한지 고개를 절레절레 흔들었다.

"쯧쯧쯧, 정신들이 이래 가지고는 써먹을 곳이 하나도 없지. 쯧쯧 쯧쯧쯧……."

그러며 쓰레기를 하나하나 줍기 시작했다. 그 넓은 극장 안을 청소하는 분은 고작 나이 많은 할머니 한 명밖에 없었다. 그것도 못마땅하게 여긴 우리 아빠는 더더욱 많이 쓰레기를 주웠다. 다른 사람들은 얼굴이 빨개지면서도 안 줍는다. 나는 아빠를 말리려고 아빠 등을 토닥였지만 아무 말도 않고 그냥 줍기만 했다.

"아빠, 그만해요. 우리 부끄럽잖아요."

"이런 게 뭐 부끄럽노? 자기들은 실컷 팝콘이나 묵고, 엉? 여기다가 그냥 쓰레기를 놔두나? 어이구 어이구, 하이튼 쯧쯧쯧."

다른 사람 앞에서도 아빠는 꿋꿋이 쓰레기를 주웠다. 엄마와 나도 아빠 따라 꿋꿋하게 쓰레기를 주웠다. 다른 사람들은 힐끔힐끔 보면서 나갔다.

"아빠, 거의 다 주운 거 같은데요?"

"그래, 다했다. 아주머니한테 나머지 처리하라고 하자."

"아주머니예, 저 우리가 거의 다 청소해 놨거든예. 마무리만 잘

해 놓으이소."

"아이고, 고맙심데이! 고맙심데이!"

아아! 그때 우리 아빠가 정말 존경스러웠다. 남 앞에서 꿋꿋이 쓰레기를 줍는 모습이 정말로 아름다워 보였다. 한마디로 보석처럼 보였다. 나도 우리 아빠처럼 기본 예의를 지키면서 봉사도 열심히 할 것이다.

✏ 사람들이 보거나 말거나 떳떳하게 쓰레기를 줍는 아버지를 본 아이는 아버지에 대한 믿음이 다시는 흔들리지 않을 것이다. 끝에 "우리 아빠가 존경스러웠다." "아름다워 보였다." "보석처럼 보였다." "아빠처럼 기본 예의를 지키면서 봉사도 열심히 할 것이다." 하고 말한 것은 조금도 부풀리지 않은 진심이란 것을 알 수 있다.

아이들이 도덕을 몰라서 어긋난 행동을 하는 것은 아니다. 다만 바른 행동을 하는 버릇이 안 들어 있기 때문이다. 더구나 하면 좋지만 안 해도 그만인 행동을 하기란 쉽지 않다. 그래서 어른들이 먼저 모범을 보여 주는 것이 참으로 중요하다.

21 일하는 부모가 아름답다

　나는 늘 일을 열심히 해야 한다고 주장한다. 일을 열심히 하지 않는 사람은 어떠한 것에도 이야기할 자격을 잃어버린다. 사랑을 하더라도 일을 열심히 하지 않는 사람의 사랑은 거짓이 들어 있거나 깊이가 없다. 얼마 안 가서 깨지기가 쉽다. 사람이 정말 아름다워 보일 때도 바로 자기 일에 빠져 있을 때다. 일은 모든 것의 원천이다.

　일이 중요한 만큼 어릴 때부터 아이들에게 일을 가르쳐야 한다. 나는 해마다 학급 아이들에게 일을 가르쳐 왔다. 시골 학교에 있을 때는 집안의 농사일을 거들거나 자기 땅을 얼마 얻어 스스로 무엇을 심고 가꾸어 보게 하고 동물도 길러 보게 했다. 도시 아이들에게는 스스로 자기가 하고 싶은 집안일을 정해서 책임감 있게 해 보도록 했다. 더 나아가서는 마을을 위해 어떤 일을 해 보도록 하기도 했다. 마을 청소를 하거나 꽃을 심거나 마을 노인들을 도와주거나 이웃의 일을 돕게 했다.

　일을 가르친다고 해서 아이들에게 억지로 시키는 것은 좋지 않다. 스스로 즐겨 할 수 있도록 해야 한다. 교사가 학교에서 아이들에게 일을 가르칠 때는 시키거나 부리는 식으로 하면 좋지 않다. 그렇게 하면 아이들은 일에 대한 거부감이 들기 쉽다. 교사도 아이들과 같이 즐겁게 일해야 한다.

　집안에서도 마찬가지다. 아이들이 어리다고 일하는 데서 빼거나 무시해서는 안 된다. 자꾸만 일하는 데 참여시켜야 한다. 일을 하다가 저지레를 하더라도 같이해야 한다. 그것보다 먼저 할 일은 부모들이 열심히 일하는 모습을 보여 주는 것이다. 아이들은 부모가 열심히 일하는 모습을 보고 무엇인지 잘 모르는 뜨거운 감동을 받고 큰 힘을 얻는다. 그리고 부모도 소중하고 일도 소중하다는 것을 깨닫고 나아가서는 자신도 그렇게 열심히 일을 해야 되겠다는 건강한 생각을 한다.

아빠의 일

5학년 조태성

토요일, 학교를 마치고 한 시쯤에 집에 왔다. 점심을 먹고 나니까 엄마가 우리끼리 아빠가 일하는 공장으로 가 보자고 했다.

"태성아, 아빠 공장 가 보제이?"

"어."

누나도 집에 와서 같이 가기로 했다. 엄마가 차를 운전해서 아빠가 일하는 공장에 갔다.

"아빠, 우리 왔어요!"

"어, 그래."

다른 아저씨들도 있어서 인사를 했다. 엄마가 사 온 수박을 드시라고 말했다. 아저씨들은 수박을 다 먹고 다시 일을 계속했다.

아빠가 하는 일은 고무 다라이 만드는 일이다. 날마다 뜨거운 불 앞에서 일을 한다. 무엇을 비벼서 고무 다라이를 만드는데 정말 장난이 아니다.

"태희 아빠, 냉수!"

"어."

아빠는 너무 더웠는지 엄마가 준 냉수를 한 번도 안 쉬고 쭈욱 들이켰다. 목에까지 땀이 송골송골 맺혔다. 아빠는 이 공장 사장이다. 그러나 이렇게 일을 열심히 한다.

"아빠, 언제까지 일해?"

"몰라."

"몇 시고, 태성아?"

"지금? 다섯 시 사십 분이다."

"아, 여섯 시까지 하면 될 끼라."

"어."

아빠는 땀을 뻘뻘 흘리면서 얼굴을 잔뜩 찌푸리며 큰 소리 나는 기계 앞에서 일을 했다. 아빠가 일을 열심히 하는 건 알지만 이렇게 땀을 뻘뻘 흘려 가면서 할 줄은 정말 몰랐다.

"아빠, 이제 여섯 시다."

"어."

아빠는 알았다고 하면서 사무실로 들어왔다. 나는 아빠가 더울까 봐 에어컨을 틀어 주었다. 그러니까 고마운 표정으로 나를 바라봤다.

"태성아, 너거 자고 갈 꺼제?"

"어."

일하는 아저씨들은 벌써 퇴근했다. 아빠는 월급을 챙기고 있었다. 아빠가 내일도 이렇게 일할 생각을 하니까 눈물이 찔끔 나왔다. 하지만 어색해질까 봐 참았다.

✏️ 아이들에게 아버지 직업이 무엇이냐고 물으면 모르는 아이들이 훨씬 더 많다. 그러니까 자신이 먹는 것, 입는 것, 학용품, 군것질거리가 거저 생기는 줄 안다. 그래서 부모가 조금만 못 해 주어도 투정을 부리고 불만스러워한다.

이 아이의 아버지처럼 여름에도 뜨거운 불 앞에서 힘겹게 일하고 있다는 것을 보여 줄 필요가 있다. 그래서 "아빠가 내일도 이렇게 일할 생각을 하니까 눈물이 찔끔 나왔다. 하지만 어색해질까 봐 참았다." 이렇게 느끼게 해 주어야 한다.

그러나 이때 한 가지 조심해야 할 것이 있다. 잘못하면 뭐 하러 저렇게 힘겨운 일을 하나, 나는 커서 저런 고생을 안 하겠다, 하는 생각만 할 수 있다. 아이들이 이렇게 생각하지 않게 반드시 일의 가치를 이해할 수 있도록 해 주어야 한다.

바쁜 어머니

5학년 김성주

수요일 저녁은 바쁜 날이다. 어머니가 일하는 신매초등학교 뒤편 시장에 장날이 바로 목요일이기 때문이다. 이날은 앉을 시간도 없이 바쁜 날이다. 그래서 어머니는 닭고기 담는 통(치킨 박스)을 접는 건 수요일 저녁에 다 접어 놓아야 한다. 호일을 까는 것은 어머니가 하고 통을 접는 것, 고무줄 끼우는 것, 비닐봉지에 접은 닭고기 통을 넣는 건 내가 해야 된다.

그런데 오늘따라 어머니가 무척 피곤하게 보인다. 눈이 풀리고 감았다 떴다 한다. 목소리도 자다 일어난 목소리다.

"엄마, 그냥 자고 내일 해요."

내가 이렇게 말하자 어머니는 피곤한 목소리로 말했다.

"안 된다. 그래도 우리 가족이 먹고 살라마 엄마 아빠가 이렇게 일해야 되지."

이 말에 찡한 감동을 받았지만 자꾸만 어머니가 안쓰러웠다.

목요일, 안 된다는 아버지를 졸라 어머니한테 갔다. 어머니를 도와 드리고 싶어서다. 장사하는 곳에 가니까 어머니는 힘이 들면서도 밝게 웃으며,

"우리 이쁜 공주 왔네!"

하며 반겨 주었다.

나는 어머니를 기다렸다. 어머니가 일하는 데 방해될까 봐 멀리 떨어져서 지켜보았다. 어머니는 여름에도 뜨거운 불 앞에 서 있다. 이마에는 땀이 비 오듯 했다. 그래도 그 땀을 닦을 틈이 없었다. 그런 어머니를 보니 눈물이 났다. 내가 우는 걸 어머니가 볼까 봐 얼른 소매로 눈물을 닦았다. 어머니는 뜨거운 불 앞에서 일하는데 나는 편하게 놀고만 있었다니, 정말 죄송하고 부끄럽다.

나는 집에 오면서 나도 어머니 아버지처럼 열심히 살아야 되겠다는 생각을 했다. 정말 공부도 열심히 해야겠다.

✎ 어머니 일하는 모습에 진한 감동을 받고 자신도 어머니 아버지처럼 열심히 살아야겠다고 다짐한다. 진정한 교육은 이처럼 몸으로 보여 주는 것임을 한 번 더 확인한다. 일을 하면서 힘겨운 모습만 보여 주면 일에 대한 두려움을 느낄 수도 있지만 이렇게 힘든 일을 하면서도 밝게 웃으며 기운차게 일하는 모습을 보여 주면 진정을 느낄 수 있어서 더욱 좋다.

이 아이가 어머니 일하는 데 방해되지 않게 멀리 떨어져 있고, 눈물 흘리는 모습을 어머니에게 보이지 않으려 하고, 열심히 살아야겠다고 생각하는 마음은 진심에서 우러나온 것이며 아이가 한층 더 자란 모습이다.

물 배달하는 우리 아빠

4학년 권정민

겨울 방학 때의 일이다. 할 일 없어 견학이나 한번 가 보자는 뜻으로 아버지의 일터에 따라가 보았다. 아침부터 아빠의 전화벨 소리가 울렸다.

"네, 생수입니다."

차 몰고 가면 자꾸 전화가 와서 잠시도 가만히 있을 수가 없다. 핸들 돌리랴, 전화 받으랴……

우방 '유쉘' 아파트를 짓고 있는 작업장에 차를 세워 두었다.

"아빠 갔다가 온다!"

아빠는 짐 위에 올라가 생수 다섯 개를 꺼내 들어 올려 놓고 두 개씩 '유쉘' 사무실에 갖다 주었다.

아빠는 다시 다른 곳에 배달했다. 이번 장소는 계단이 없어서 다행이다.

다시 아빠는 대구 쪽으로 차를 몰고 가기 시작했다.

"아빠, 이제 어디에 가?"

"대구에 있는 김밥 가게에 가요!"

아빠는 신나나 보다.

김밥 집에 갔다. '김밥 천국'이었다. 아빠는 이곳은 많이 힘들지 않다고 했다. 이번에는 물을 두 개만 줘서 정말 빨리 왔다. 하지만 콧잔등에는 벌써 땀이 송글송글 맺혀 있다.

이번에는 부동산에 갔다. 원래는 어제 가야 했던 곳이다. 물이 한 방울도 없는데 안 왔다면서 짜증을 냈다. 자기가 일이 끝난 지 세 시간이나 지난 뒤에 전화를 했으면서 도로 아빠한테 뒤집어씌운다. 아빠는 불같은 성격이라 억울하면 그 억울함을 바로 토해 내 버려야 하는데 꾹꾹 참으며,

"예, 죄송합니다."

하며 계속 사과를 했다. 그 모습을 보니 너무 안쓰러웠다.

"시켰으면 바로바로 와야 될 거 아냐! 알았어요? 물 거기에다 두고 가요."

그래도 아빠는 차에 타서도 아무 말 안 했다.

아빠는 편의점에 들렀다.

"니 먹고 싶은 거 사."

나는 바나나 우유를 샀다. 아빠도 마찬가지였다. 아빠는 오늘 일이 많아서 사무실에 가지 않았다. 이제는 아빠의 양쪽 볼에 땀이 막 흘러내렸다. 얼굴이 벌겋게 달아올랐다. 힘이 많이 드는가 보다. 겨울이라도 날씨가 봄 같았다.

나머지 열한 군데의 일을 모두 끝냈다.

집에 오니 오후 다섯 시 이십 분이다. 아빠는 손이 새까맣다. 바로 사무실에 들어간 아빠를 보면서 아빠가 힘들게 번 돈 함부로 쓰지 않겠다는 생각이 들었다.

✎ 아이는 살아가면서 불같은 성격도 함부로 밖으로 드러내서는 안 될 때가 있다는 것을 배웠다. "너무 안쓰러웠다."고 한 것은 아버지를 사랑하는 마음이고 아버지가 일하는 모습을 보고 감동받은 표현이다. 또 아이는 "사무실에 들어간 아빠를 보면서 아빠가 힘들게 번 돈 함부로 쓰지 않겠다는 생각이 들었다."고 한다. 무엇이든 아껴서 쓰라고 말로 천 번 만 번 하는 것보다 효과가 더 크다.

운전하는 아빠

4학년 이혜란

아빠는 날마다 큰 트럭으로 짐을 운반한다. 며칠 전에는 선생님이 내 준 '부모님 일터 견학하기' 숙제를 하기 위해 아빠를 따라갔다. 아빠는 핸들을 돌리는 것도 힘들고 브레이크를 밟는 것도 힘들어 보였다. 나는 휴대폰 게임을 하다 말고 아빠에게 물었다.

"아빠, 힘 안 드나?"

"……."

그래도 아무 말이 없었다. 운전에 집중하고 있어 말을 하지 않았던 것이다.

나는 아빠의 얼굴에 땀이 맺혀 있는 걸 보았다. 그리고 볼을 타고 내려와 뚝 떨어졌다. 나는 가까이에 있는 종이로 부채질을 해 주었다.

"어? 고맙다."

"헤헤."

아빠는 시원해서 그런지 멈추라는 말이 없었다.

나는 아빠가 물건을 내리는 곳에 내렸다. 아빠는 핸들을 하도 오래 잡아서 부은 손과 발로 이번엔 짐을 내리고 다시 실었다. 또 지게차를 움직이는 걸 보았다. 나는 엄마한테,

"엄마, 아빠 힘들지도 않나 봐. 또 하니까."

"아니, 많이 힘드실 텐데."

"그러게."

엄마와 나는 아빠를 걱정하였다.

하지만 아빠는 그런 마음을 아는지 모르는지 묵묵히 일만 하였다. 아빠가 짐을 다 싣자 다시 큰 트럭에 올라타셨다. 그리고 출발했다.

우리는 아빠와 휴게소에 내려서 아침 겸 점심을 먹고 다시 차에 올라타고 출발했다. 아빠는 신호가 빨간색이 되면 핸들에서 손을 떼고 쉬었다. 나는 아빠 손을 만져 보았다. 아빠는 물집도 나고 손

도 많이 거칠했다. 그리고 손도 부어 있었다. 그래도 아빠는 힘들다고 말을 하지도 않았다.

나는 아빠가 정말 존경스러웠다. 하지만 내가 아빠에게 신경을 써 주면,

"혜란아, 니는 열심히 공부나 해라."

"네."

나는 아빠가 제일로 좋다.

하지만 아빠는 힘들게 하루 종일 일하니까 걱정이 많이 된다.

✎ 아이는 큰 트럭을 운전하는 아버지를 따라가는 좋은 경험을 했다. "아빠, 힘 안 드나?" 하는 말은 일하는 아버지를 보고 미안한 마음에서 한 말이다. 또 부채질을 해 주고, 아버지에게 신경을 써 준다. 아버지는 "혜란아, 니는 열심히 공부나 해라." 이렇게 말한다. 아이가 너무 걱정할까 봐 한 말이라면 모르겠는데, 아버지가 하는 일은 천한 일이니까 공부 열심히 해서 이런 천한 일은 하지 말라는 뜻으로 한 말이면 좋지 않다. "혜란아, 무슨 일을 하든 아빠처럼 열심히 일하며 살아라." 이렇게 말해 주는 것이 더 좋지 않을까?

그리고 아이가 부모의 일터를 보는 것으로 끝내지 말고 일을 해 보도록 하는 것도 좋은 경험이 된다. 아이들은 일을 하고 싶어 하기도 한다. 이때 서툴더라도 말리지 않고 일을 할 수 있도록 해 주어야 한다. 아이들은 뜻밖에도 일을 곧잘 한다. 그리고 좀 더 어려운 일에도 도전하고 싶어 한다. 이때 못 미더워하지만 말고 어떻게 해야 하는지 방법을 차근차근 설명해서 어려운 일도 할 수 있도록 해 주어야 한다.

22 어려운 일도 꿋꿋이 견디는 부모

어느 집이나 살아가는 동안 어려운 일을 여러 번 겪는다. 그 어려운 일 한가운데서 아이들도 함께 걸어가고 있다.

《학대받는 아이들》에 보면 어려운 일이 생겼을 때 아이들은 어른들보다 더 큰 충격을 받기도 한다. 그렇다고 그 어려운 일을 아이에게 숨길 수만은 없다. 숨긴다고 숨겨지는 것이 아닐 바에는 아이들도 알게 할 필요가 있다. 다만 너무 부풀려서 아이에게 전달하거나 어른이 그 어려움을 헤쳐 나가기 힘들어하는 나약한 모습을 보여서는 안 된다. 집안의 기둥이 흔들리면 그 그늘에서 자라는 아이들은 더욱 절망감에 빠져든다.

그런데 가끔 집안에 어려움이 있을 때 괜히 아이들에게 화풀이하는 부모도 있다. 그러면 아이들은 자신이 집안의 행복을 빼앗아 가는 훼방꾼이라고 생각할 수도 있다. 그래서 절망감에 사로잡히고 잘못된 길로 빠져들기도 한다. 집안에 어려운 일이 있을수록 그렇게 되지 않도록 조심해야 한다.

집안이 어려운 일을 겪을 때는 아이들도 어느 정도 알게 하면서도 부모가 충분히 헤쳐 나갈 수 있다는 자신감을 보여 주어야 한다. 그리고 불안에 떨고 있는 아이들을 따뜻하게 위로해 주어야 한다. 그래야 아이들은 부모를 믿고 더욱 강한 아이로 자라고, 그 아이를 보면서 어른도 큰 힘을 얻어 힘차게 가정을 꾸려 갈 수 있다.

가끔 뉴스에서 집안의 어려움 때문에 부모가 스스로 목숨을 끊기도 하고, 때로는 아이들과 함께 자살도 하는 끔찍한 소식을 듣는다. 참 슬프다. 아이들이 무슨 죄가 있을까. 흔히 말하지 않는가, 죽을 용기로 살면 안 될 일이 없다고. 그 평범한 진리를 잊어버리지 말고, 아이들에게 부모가 어떤 어려움도 꿋꿋하게 견뎌 내는 당당한 보습을 보여 주자.

동생의 수술

5학년 박소영

내 동생은 부정맥이다. 심장이 정상적으로 뛰지 않고 갑자기 빨리 뛰는 건데 가끔씩 그럴 때마다 가슴이 답답하다고 하고 숨을 잘 못 쉴 것 같다고 한다. 처음에는 잘 몰랐는데 전번에 할머니 제사에 갔다가 갑자기 동생이 가슴이 답답하다고 해서 만져 보니 심장이 빨리 뛰고 있었다고 한다. 아빠랑 병원에 갔더니 부정맥이라 했다고 한다. 수술로 고칠 수 있기는 하나 성공률이 높지 않다. 그래서 평생 약을 먹고 살 수밖에 없다.

엄마, 아빠는 하는 수 없이 겨우 수술비를 마련해서 수술을 했다. 수술하는 날은 엄마, 아빠는 하루 종일 병원에 있었다. 나랑 언니도 걱정하면서 제발 동생이 무사히 수술을 하고 나올 수 있기를, 수술이 꼭 성공되기를 바라고 있었다.

엄마, 아빠는 수술이 끝나고 밤늦게 집으로 돌아왔다. 그런데 표정이 어두웠다. 엄마는 많이 운 것 같았다. 눈이 부어 있었다. 동생은 이상하게 밝았다. 그리고 동생의 다리와 가슴에는 이상한 것이 많이 붙어 있었다. 다리 쪽으로 해서 수술을 한다는 얘기를 들었는데 그래서 그런가? 이상했다.

"아빠, 소현이 수술 어떻게 됐어? 엄마, 소현이 수술 어떻게 됐어?"

물어도 엄마, 아빠는 아무런 대답이 없다. 그냥 고개만 떨어뜨린다. 그때 언니가 나를 꼬집더니 눈치를 주고 방으로 데려갔다.

"야, 엄마 아빠 지금 심란한데 그런 말 하면 어떡해!"

"왜?"

언니는 방문을 꼭 잠그고 나한테 귓속말을 했다.

"소현이 수술 실패했어."

"정말?"

"어……."

나는 너무 놀랐다. 그래서 엄마, 아빠의 표정이 어두운 걸까? 하지만 나는 믿지 않았다.

'엄마, 아빠가 아직 아무 말도 안 했으니까 아닐 거야.'

제발 그러기를 바랐다.

주방에 가니 아빠는 술을 마시고 있었다. 그렇게 슬픈 아빠의 표정은 정말 처음 봤다.

"아빠……."

"……."

나는 방에 들어왔다. 그때 아빠가 전화 거는 소리가 들렸다. 고모부와 통화를 하는 것 같았다.

"수술? 후우우, 헛방이야."

순간 나는 너무 놀랐다. 정말로 수술을 실패한 것이다. 수술비 육백만 원도 겨우 구해서 수술을 했는데 실패라니! 그럼 다시 수술을 해야 한단 말인가?

아빠가 언니와 나를 조용히 불렀다.

"소현이 이번 수술은 실패했지만 다음에 또 하면 되니까 너무 걱정하지 마라. 너희들은 너희들 할 일 착실히 하면 된다. 알았제? 자, 파이팅! 하하하하하……."

아빠는 우리보고 하이파이브를 하자고 했다. 그래서 아빠 시키는 대로 했다. 그렇지만 자꾸만 눈물이 흘렀다. 아빠가 꼭 안아 주었다. 그리고 등을 토닥여 주며 말했다.

"아빠는 말이다, 힘들어도 너희들이 있어 살맛 나는 거 알제? 자아, 눈물 닦고 뚝 해라."

나는 그때서야 베시시 웃었다. 엄마도 머리를 쓰다듬어 주었다.

아마 내 동생은 빨리 나을 것이다. 우리가 간절히 비니까……

✎ 동생의 수술을 실패해서 가슴 아파하는 부모를 보고 아이가 걱정을 많이 한다. 그러자 아버지는 "소현이 이번 수술은 실패했지만 다음에 또 하면 되니까 너무 걱정하지 마라. 너희들은 너희들 할 일 착실히 하면 된다. 알았제? 자, 파이팅! 하하하하하……" 이렇게 아이를 위로하며 힘을 내자고 한다. 그래도 아이가 불안해하니까 꼭 안아 주고 등을 토닥여 주며 "아빠는 말이다 힘들어도 너희들이 있어 살맛 나는 거 알제? 자아, 눈물 닦고 뚝 해라." 하고 말한다. 그제야 아이는 안정을 찾는다. 그리고 "아마 내 동생은 빨리 나을 것이다. 우리가 간절히 비니까……" 하며 희망을 품는다. 이렇게 부모는 아이의 절망을 희망으로 바꾸어 줄 수 있는 힘이 있다.

엄마의 일

6학년 권효진

엄마가 일을 마치고 왔다. 그런데 오늘은 집에 오는 시각이 한 시간 늦었다.

"엄마, 오늘은 왜 늦어?"

"어, 사무실 정리 좀 한다고."

"갑자기 무슨 정리?"

"엄마 사정이 있어서 일 그만두게 되었거든."

"응, 근데 무슨 사정?"

"나중에 가르쳐 줄게."

엄마는 사무실에서 가져온 물건을 정리했다.

조금 뒤 저녁 시간이 되었다. 식구들이 다 모여 저녁을 먹고 있었다. 그러자 동생이,

"엄마, 오늘 학교에서 연극 연습을 했는데 흥부가 똥 눈 뒤에 '아이고 내 똥 정말 예쁘다.' 하고 말하는 장면이 있는데 박주홍이 하면 진짜 재미있고 웃긴데이, 히히히……."

하고 말했다. 엄마와 나는 동생이 한 말에 재미있게 웃어 주었다.

엄마는 아까 나와 이야기할 때와는 달리 즐거워 보였다. 우리가 엄마와 같이 이야기를 하면 언제나 엄마는 얼굴에 웃음을 잃지 않는다. 이때 엄마는 걱정도 없는 것처럼 너무 행복해 보인다.

"효진아, 엄마 일 안 다니는 게 좋나?"

"나한테는 좋다. 집에 오면 엄마가 있잖아. 그러면 왠지 기분이 좋아지니까."

"좋긴 뭐가 좋아. 엄마가 일 못 나가면 너희들 고생하는데……."

"괜찮다, 엄마. 아빠가 있으니까 너무 걱정하지 마라."

"아휴우, 글쎄다."

"엄마, 그러면 또 일 갈 거가?"

"아마 너희들 겨울 방학 지나고 다시 갈까 싶다. 아직은 잘 모르겠지만……."

엄마가 일 안 가는 것이 나는 참 좋은데 엄마는 큰 걱정인가 보다. 아빠가 돈 버는 것으로는 살기가 어려운가? 그래도 우리 엄마는

겉으로는 큰 걱정을 안 하고 웃는다. 나는 우리 엄마를 믿는다.

✎ 엄마는 하던 일이 잘 안 풀려서 힘들지만 아이 앞에서 웃는 모습을 보여 준다. 그래서 아이는 엄마를 믿고 마음의 평온을 잃지 않는다.

장사

6학년 김동민

요즘 엄마와 아빠가 하는 횟집 장사가 잘되지 않고 있다. 왜냐하면 겨울이 되어 가서 그런다. 저녁에는 날씨가 많이 춥고, 고기가 잘 잡히지 않아서 값도 비싸고, 고기가 죽어서 그런지 장사가 잘 안 된다. 그리고 음료수 값과 소주 값도 올라갔다. 나에게 잊지 않고 주던 용돈마저 잘 주지 않는다.

"엄마, 용돈 좀 주세요."

하면 엄마는 그래도 힘차게,

"알았다, 줄게."

하고는 준다. 그래도 요즘에는 내가 알아서 준비물 있는 날에만 용돈을 받아 간다. 그래서 헛돈은 절대로 안 쓴다. 그리고 나는 또 요즘 엄마, 아빠의 일도 많이 돕는 편이다.

요즘 엄마, 아빠가 일찍 들어오는데 나는 그때까지 잠이 오지 않아 책을 보거나 텔레비전을 본다. 그러고 있으면 엄마가 무슨 비닐봉지를 가지고 온다. 내가 가만히 보니까 엄마는 그 비닐봉지를 풀면서 한숨을 쉰다. 그 비닐봉지에는 오징어와 다른 고기가 나온다. 엄마는 그걸 가지고 요리를 한다. 나는 날마다,

'엄마가 그걸 가지고 요리를 할 줄 알아서 다행이다.'
하고 생각한다.

"엄마, 요즘 장사 잘돼?"

"왜?"

"요즈음 장사 잘돼?"

"그런 건 알아서 뭐 하게?"

엄마는 장사가 안 된다는 소리는 절대로 안 한다. 나는 엄마, 아빠의 장사가 잘되지 않을 것이라 생각한다.

나는 토요일마다 장사하는 데 일을 거들러 간다. 저녁 여덟 시쯤 되면 나는 잠이 와 차에 가서 잠을 잔다. 그러면 엄마는 열한 시쯤에 깨우는데 그때 고기 창고를 보면 고기와 오징어가 조금씩 남아 있다. 그래서 나는 한숨을 쉰다.

엄마가 고기로 음식을 만들면 이렇게 묻는다.

"엄마, 이 고기 웬 건데?"

그러면 엄마는 걱정을 감추려고,

"아아, 이거? 고기 싸게 팔길래 샀다."

하고 말한다. 나는 그런 엄마가 고맙고 눈물이 날라 한다. 그리고 우리 아빠는 아무리 어려워도 강철처럼 다시 일어날 수 있는 그런 마음을 가졌기 때문에 난 우리 아빠를 믿는다.

'하나님, 나는 고기를 안 먹어도 좋으니까 한 마리도 안 남게 우리 장사 잘되게 해 주세요!'

✎ 이렇게 아이가 집안의 어려운 사정을 아니까 용돈도 꼭 쓸 것만 받아 가고 헛돈을 안 쓴다. 또 토요일마다 어머니, 아버지 일

도 돕는다.

아이가 걱정이 되어 장사가 잘되냐고 물어도 어머니는 장사 안 된다는 소리를 하지 않는다. 남은 고기로 음식을 만든 것을 알고 "엄마, 이 고기 웬 건데?" 하고 물었을 때도 "아아, 이거? 고기 싸게 팔길래 샀다." 하며 걱정을 감추려고 한다. 부모가 집안 사정을 자꾸만 숨기려고 한다기보다는 아이에게 어려움을 너무 내보이지 않으려고 하는 것이다. 그것을 아이는 알고 있다. 그래서 "우리 아빠는 아무리 어려워도 강철처럼 다시 일어날 수 있는 그런 마음을 가졌기 때문에 난 우리 아빠를 믿는다."고 한다. 이렇게 아이는 부모를 믿고 힘을 낸다.

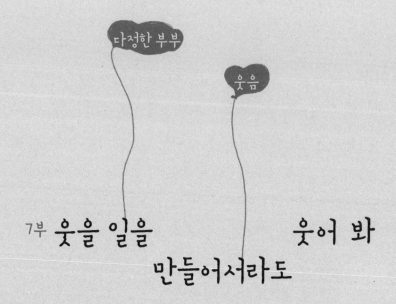

7부 웃을 일을 웃어 봐
만들어서라도

23 부부가 다정하면 아이도 행복하다

길을 갈 때 젊은 부부나 연인이 손을 잡거나 어깨를 감싸거나 허리를 껴안고 가는 모습을 자주 본다. 나는 이런 모습을 볼 때 닭살이 돋거나 보기 흉하다고 생각하지 않는다. 만약 그렇게 생각하는 사람이 있다면 그 사람은 부부 사이에도 애정 표현을 잘 안 하거나, 다정하지 않은 사람일 것이다. 반대로 그 모습이 참 보기 좋고 따뜻하다고 느끼는 사람은 부부 사이에도 그런 애정 표현을 많이 하거나 다정한 사람일 것이다. 건강한 부부는 이렇게 애정을 표현하거나 다정하게 행동하는 것을 아주 편안하게 생각한다. 아이들도 그렇다.

부부가 서로 애정을 표현하고 다정하게 지내면 자신들뿐만 아니라 아이들에게도 아주 좋은 영향을 미친다. 살다가 아주 어려운 일이 닥칠 때는 한 발 물러서서 생각하고 조금 낮추어 생각하면 오히려 한결 더 행복해질 수 있다. 우리 아이가 앞으로 행복하게 살아야 한다고 생각한다면 부부 사이가 나빠지지 않도록 서로 노력해야 한다.

부부 사이가 좋지 않으면 아이들은 마음이 혼란스러워지고 갈등이 생겨 건강하게 자라기가 어렵다. 그 속에서도 건강하게 자라는 아이들이 있겠지만 가끔은 정신 장애가 오거나 좋지 못한 행동을 해서 큰 문제를 일으키는 아이들도 생긴다. 부부는 언제나 서로 위해 주고 행복한 인간관계를 만들려고 노력해야 한다.

부부가 늘 다정하게 사는 집에서는 아이의 정서가 안정되어 있고 늘 따뜻한 마음을 지니고 있으며 행복에 젖어 있다. 그래서 저절로 착해지고 공부도 잘한다. 그런데 살다 보면 부부가 꼭 좋은 모습만 보이면서 살아가기가 쉽지 않다. 그럴 때는 다음 아이들의 글을 보면서 마음을 가다듬고 평소에 부부 생활을 잘 해야겠다는 마음을 다지면 좋겠다.

엄마와 아빠

6학년 이경아

아빠는 한 주는 새벽에 일을 나간다. 그래서 그때는 일찍 저녁 먹고 잠을 잔다. 엄마는 회사에 갔다가 밤에 온다. 그래도 새벽 일찍 일어나 밥상을 차려 아빠를 깨운다.

오늘도 엄마는 알람 시계 소리에 일어났다. 나도 그 알람 시계 소리에 깨 버렸다. 그래도 나는 자는 척해 버렸다. 왜냐하면 내가 새벽에 깨면 엄마는,

"빨리 자그래이. 학교에 가서 잠 와 갖고 어예 공부할래? 잠 안 와도 자."

하기 때문이다. 그런데 방문이 열려 있어 부엌의 빛 때문에 눈이 부셨다. 엄마는 부엌에 불을 켜 놓고 아빠 방에 갔다. 어제저녁에는 아빠 빼고는 모두 한 방에 같이 잤다. 보통 아빠가 밤에 회사 갔다 올 때는 방에 들어와 옷 갈아입고 뒤적뒤적거리면 우리 깬다고 혼자 잘 때도 많다.

엄마는 아빠 방에 들어가,

"아제요! 이제 일어나소!"

해도 아빠는 코 고는 소리를 냈다. 그러다 기지개를 하면서 하품을 했다.

"으아아아 아아아홈!"

내가 화장실에 가는데 엄마가,

"안 일어나면 똥침 놓는데이. 어이고 살이 깊어가 감각이 없나 보네."

하며 마구 웃었다.

아빠는 밥을 먹고는,

"으앗따, 잘 뭇다!"

"뭐, 맨날 같은 반찬인데."

"같은 반찬이라도 건강에 좋지, 인물 훤하게 나지, 튼튼하지, 근육 불룩 나오지, 멋있지."

"어이고, 솔직히 못생긴 사람이 잘생겼다고 설치더라."

"어허 쯧쯧쯧. 잘생긴 사람한데 그게 무슨 말."

"어이고, 그럼 이 세상에 텔런트들 다 물러나라고 해야겠네."

"허허허, 나 간다이."

아빠는 신발을 신었다. 또 아빠는 현관문을 열며,

"맥주 사 놔라. 저녁에 같이 묵자."

"안주는? 머 하꼬? 닭 좀 해 놓으까?"

아빠는 뭐든지 좋다고 했다. 또 엄마는 아빠에게,

"돈 마이 벌어 와야 해 놓지. 안 그러면 안 해 놓는다."

"요새 잘나가는 모양이지?"

"요새 내가 돈이 많다. 그러니까 나보다 더 많이 벌어 온나. 그라마 좋다 카고 문 열어 준다, 호호호……."

"알았다. 내 간데이!"

엄마는 베란다로 가서 아빠가 가는 걸 계속 보았다. 나도 속으로,

'안녕히 다녀오세요!'

하고 인사를 했다.

✎ 보통 직장 일이 힘겹고 피곤하면 부부가 서로 짜증스런 표정을 지으며, 좋지 않은 말이 오가고 다투기 일쑤다. 그런데 이 글

에 나오는 부부는 그렇지 않다.

아이의 아버지는 일을 하고 새벽에 집에 들어올 때는 식구들이 깰까 봐 혼자 다른 방에서 잔다. 그만큼 식구들을 사랑하는 마음이 크다. 아이의 어머니도 일을 하고 와서 피곤할 텐데도 일찍 일어나서 밥을 해 놓고 아이의 아버지를 깨운다. "아제요! 이제 일어나소!" 이러며 똥침 놓는 장난도 건다. 아이의 아버지는 또 밥을 먹고 "으앗따, 잘 뭇다!" 이렇게 말한다. 그러니 어머니는 기분이 얼마나 좋겠나. 그 뒤에도 주고받는 말을 보면 참 재미가 있고 즐겁다.

이 모든 모습을 지켜보면서 아이는 행복에 젖었을 것이다.

김밥 마는 엄마, 아빠

6학년 김현지

저녁때가 되어 텔레비전 보던 엄마는 밥한다고 부엌으로 갔다. 그러자 아빠가 말했다.

"텔레비전 좀 보다 해라."

"됐다. 배고픈데 빨리 해야지."

엄마는 냄비를 씻었다. 아빠는 슬그머니 일어나 부엌으로 가 냄비를 슬쩍 집어 들더니,

"오늘 저녁 뭐 할라고?"

하고 말했다.

"몰라. 가 있어라, 내가 할게."

엄마는 피식 웃었다. 그러더니 아빠가 뭐라고 말했는지 엄마가 크게 웃어 댔다. 그러곤 우리 보고,

"오늘 저녁은 떡볶이랑 김밥이데이!"

"진짜? 앗싸!"

엄마는 김밥 재료들이랑 김을 하나씩 다 꺼냈다. 그러고는 밥을 그릇에 퍼 와 김밥 재료를 하나 얹으려고 할 때 아빠가,

"김밥은 내가 만들게. 얼른 저쪽으로 가쇼오오!"

하면서 엄마를 밀었다.

"어이고오, 호호호호!"

엄만 우스운지 계속 웃으며 떡을 썰어 놓고 양념을 만들었다. 아빠는 김밥을 만들다가,

"김밥 하나 터졌네!"

하며 소리쳤다. 엄마가 고개를 쑥 내밀고 쳐다보며,

"아이고오, 잘한다 잘해! 호호호……."

아빠도 웃으며 다 만 김밥을 칼로 잘랐다. 그러고는 하나를 집어 들고는,

"자, 요거 하나 무 봐라!"

하면서 엄마 입에 넣어 주었다. 엄마는 오물오물 먹더니,

"으으음, 맛 개안네. 요것도 하나 무 봐라!"

하면서 잘라 놓은 김밥을 아빠 입에 넣어 주었다.

또 아빠가 엄마 입에 넣어 주려고 하자,

"아, 됐다. 얼른 해서 밥 먹자."

"하나만 무라."

"그럼, 이게 마지막이데이."

하면서 받아먹었다.

밥상을 차리는데 엄마가 아빠 등을 탁 치며,

"오늘 수고했습니다!"

그러자 아빠가 피식 웃었다.

"오늘 밥 맛있겠네."

우리 식구들은 밥을 먹었다.

오늘, 엄마 아빠가 김밥을 말아 서로 먹여 주는 모습은 정말 보기 좋다.

✎ 아이의 어머니, 아버지가 함께 음식을 만들며 행복해하는 모습이다. 식구들이 함께 음식을 먹는 것은 그 자체가 행복이다. 그렇지만 여러 해 동안 날마다 같이 밥을 먹다 보면 별 느낌이 없어지고 만다. 그때는 음식을 싸 가지고 집 앞 나무 그늘에라도 가서 같이 앉아 이야기를 하면서 먹으면 또 즐거워지겠지.

그렇게 먹는 것도 좋겠지만 음식을 만들면서 함께하면 더욱 좋다. 어머니, 아버지가 이렇게 즐겁게 음식을 만들면 틀림없이 아이도 끼어들고 싶어 할 것이다. 그때 아이도 참여시켜 주자. 아이는 더욱 행복해할 것이다.

도배하는 엄마, 아빠

6학년 오소운

우리 집은 3층이다. 2층 집엔 아무도 없다. 세를 놓았는데 아직 사람이 안 들어왔기 때문이다.

아빠는 2층 집에 가서 도배를 한다. 오늘은 엄마도 틈을 내어 같이 도배를 했다.

"소진이 엄마, 저 끝에 가서 줄자 좀 당겨 봐요."

"네, 알겠어요."

엄마는 쪼르르 달려가 줄자를 잡아당겼다. 다시 아빠가 다 되었다고 줄자를 놓으라고 했다. 엄마는 줄자를 놓고 밖으로 나갔다.

엄마는 십 분 뒤 다시 들어왔다. 그런데 한 손엔 맛있는 호박 부침개를 들고 왔다.

"소진이 아빠, 먹고 하세요."

"어, 조금만 하고 갈게."

아빠는 호박 부침개를 하나 먹고 다시 일을 했다. 그런 아빠를 보고 엄마는 다시 호박 부침개 한 조각을 아빠 입에 쏘옥 넣어 줬다.

도배를 한참 하다 아빠가,

"소진이 엄마, 쉬었다 할까?"

"빨리 하고 끝내야지."

"아니, 소진이 엄마가 힘들어 보여서 그렇지."

"자기가 힘들어서 그렇지? 꾀 부릴 생각하지 마요."

엄마와 아빠는 즐겁게 이야기를 하며 도배를 했다. 너무 다정해 보였다. 그런 엄마, 아빠를 보니 나도 덩달아 기분이 좋아졌다.

저녁이 되어 도배는 끝이 났다. 엄마와 아빠는 서로 안마를 해 주었다. 엄마는 날마다 아빠에게 잔소리만 했는데 오늘 이렇게 다정한 모습을 보니 서로 좋아하고 아끼기 때문에 잔소리를 하는 것이라고 생각하게 되었다.

자주자주 엄마 아빠의 다정한 모습을 보았으면 좋겠다.

✎ 일을 해도 이렇게 어머니, 아버지가 정겨운 모습으로 함께 하면 아이도 즐거워한다. 요즘 아이들은 몸을 움직여 일하는 것을 소중하게 생각하지 못하는 경우가 많은데, 이렇게 열심히 일하는

어머니, 아버지를 보면 일이 소중하다는 것도 배운다. 그리고 힘겹게 생각했던 공부도 다시 열심히 하고 싶은 마음이 들기도 한다.

엄마가 아빠 머리 깎아 줄 때

6학년 이경아

학교를 마치고 집에 와 현관문을 여니 기계 소리가 '에에엥' 하며 들렸다.

"뭐 하노? 머리 깎나?"

"어. 야, 니네 아빠는 머리카락이 왜 이래 빨리 기노."

엄마는 아빠 머리를 깎으며 입을 삐죽거렸다. 가만히 있으면 다 해 줄 건데 아빠는 괜히,

"요기 길다. 요 더 해라. 아니 요기."

하며 손짓을 했다. 엄마는,

"가만히 있으래이. 말 안 들으면 다 밀었뿐데이."

했다. 아빠는 웃었다. 엄마는 미용 기술을 배우지도 않았는데 미용사 같다.

엄마는 엉덩이를 실룩실룩거리면서 노래를 불렀다. 그러자 아빠가,

"그카다 또 손 비키지 말고 똑바로 해라."

"왜 내 엉덩이가 부러운가 보네?"

"에이그, 그래. 내 궁디는 없고 당신 궁디 통통하이 이쁘다."

아빠의 말에 엄마는 웃었다. 아빠는 앉아서 계속 요기 잘라라, 거기 너무 많이 잘랐다, 하고 말했다. 그러자 엄마가,

"가만히 있으소. 진짜 다 밀었뿐데이."

"한번 해 봐라. 잘생긴 얼굴 다 민 당신이 미안하지."

"으으응. 나는 다 밀어도 후회 없다."

아빠는 아빠 자신의 얼굴이 잘생겼다고 맨날 그런다. 사람들에게 아빠 얼굴이 잘생겼다고 하면 모두 웃을 것이다.

머리를 다 자르고 나서 아빠는 머리를 감았다. 그때 엄마가 미지근한 물을 틀다가 차가운 물을 틀었다. 아빠가,

"어이구 차가바래이, 허어허어허어!"

했다. 엄마는,

"뭐 시원하고 좋구마."

하며 '호호호' 웃었다.

아빠는 머리를 닦으며,

"아이구 개운하다!"

하고 말했다.

그런데 아빠는 끝까지,

"요 덜 잘렀다."

하고 말했다. 아기같이 투정을 부린다.

그러는 엄마, 아빠 모두 아기같이 귀엽다.

✎ 이 아이의 어머니는 아버지의 머리를 깎아 준다든지, 나들이 갈 때 옷매무새를 다독거려 준다든지 하며 자연스레 아이들 앞에서 애정을 표현한다. 그것을 아이들도 다 느낀다.

부부 사이가 좋으면 자연히 형제자매들도 사이가 좋아진다. 이런 환경에서 자란 아이들은 나중에 자신들도 행복한 가정을 꾸린다. 생활이 그만큼 중요하다.

24 웃으면 일도 잘 풀린다

내 생각에 우리나라 사람은 별로 웃지 않는 것 같다. 작은 나라에서 많은 사람이 생존 경쟁을 하면서 사는 데 빠져 있어 그럴 것이다. 그래 봐야 크게 더 나을 것도 없는데 좀 웃으면서 여유롭게 살면 좋지 않겠나 싶다.

웃음은 기분만 좋아지게 하는 것이 아니라 몸도 건강하게 만든다. 아프던 것도 덜 아프고, 혈액 순환도 잘 되고, 감기 같은 병에도 잘 걸리지 않도록 면역력도 높여 준다. 물론 많은 사람들이 알고 있듯이 웃음은 긴장도 풀어 주고 스트레스도 줄여 준다. 어떤 연구 결과를 보니 하루에 15초 웃으면 이틀을 더 산다는 이야기도 있다.

이렇게 즐겁게 웃으면서 일을 하면 훨씬 더 잘할 수 있다. 어느 회사에서는 웃음을 경영에 이용했더니 직원들이 지각이나 조퇴, 결근을 적게 하고 매출도 크게 올라갔다고 한다. 웃으면서 지내니 하는 일도 즐겁고, 자신이 하는 일에 자부심과 애정도 생겨 모든 일이 잘 풀리는 것이다. 무엇보다 자주 웃으면서 지내다 보면 무슨 일을 할 때 먼저 좋은 쪽으로 생각을 한다. 그래서 일도 잘 풀리고 기분도 좋아진다.

일터에서 일할 때도 그렇지만, 집에서 부모와 아이가 모두 웃으면서 지내면 얼마나 행복할까? 집안일도 잘 되고 아이는 공부도 잘될 것이다. 그러자면 먼저 부모가 많이 웃어야 한다. 웃을 일이 없으면 만들어서라도 많이 웃는 것이 좋다. 그렇게 해서라도 웃는 것이 안 웃는 것보다 훨씬 좋다.

　부모가 늘 웃으면서 아이들을 대하면 아이들은 아주 기분이 좋아질 것이다. 그래서 아이들도 웃으면서 지내고, 그러다 보면 이 세상을 헤쳐 나갈 때 어떤 어려움도 견딜 수 있는 건강한 사람으로 자랄 것이다.

엄마, 아빠의 웃음

3학년 김아라

지난 일요일 소파에 앉아서 텔레비전을 보고 있었다. 그때 큰방에서 엄마, 아빠의 웃음소리가 크게 들렸다. 나는 왜 웃는지 궁금해서 큰방으로 가 보았다.

"엄마, 왜 웃어요?"

"아니, 아빠가 자꾸 엄마를 간질이잖아."

아빠는 나보고 조용하라고 하고 엄마의 휴대폰을 전화기 받침대 속에 숨겼다. 너무 웃겨서 킥킥 웃어 버렸다. 그러니까 엄마가,

"왜? 또 아빠가 뭐 숨겼지? 뭐 숨겼는데?"

하고 말했다. 엄마는 내가 아빠를 보고 살짝 웃는 모습만 보고도 아빠가 엄마 물건을 숨겼는지 다 안다.

엄마는 자꾸 아빠보고 물건을 어디에 숨겼는지 말하라고 했다. 나는,

"아빠가 엄마 휴대폰 전화기 밑에 숨겼어."

"전화기 밑에? 아! 여기 있네! 이걸 왜 여기다가 숨기는데?"

"아라야, 그걸 엄마한테 말해 주면 어떡하니?"

아빠는 엄마의 팔찌를 또 전화기 밑에 숨기려고 했다. 엄마가 보아서 숨기지를 못했다. 엄마는,

"또 여기다가 숨기려고 했지?"

하고 말했다. 아빠는 엄마에게 들켜서,

"허허허……."

웃었다. 엄마도,

"하하하하하!"

크게 웃었다. 나도,

"히히힛!"

웃었다.

이렇게 다 같이 웃으니까 너무 즐겁다. 엄마, 아빠도 화를 낼 때
보다 이렇게 크게 웃을 때가 나한테는 아주 좋다.

✎ 어린아이 같은 장난이지만 이런 장난으로 웃을 수 있다는
것이 참 좋다. 사실 집에서 크게 웃을 일이 별로 없지만 웃을 일을
자꾸 만들어서라도 웃는 것이 좋다. 어머니, 아버지가 웃으면 온 집
안이 밝아진다.

엄마의 웃음

6학년 김혜원

오랜만에 외갓집에 가게 되었다. 외갓집에 큰이모와 작은이모 모
두 다 있었다. 엄마는 오자마자 이모들과 마주 앉아 이야기를 했다.

"와 진짜 오랜만이네!"

큰이모는 우리 집 가까이에 살아서 자주 보지만 작은이모는 부산
에 살기 때문에 자주 보기 힘들다.

"가끔 놀러 오지."

이렇게 인사를 나누다가 이야기가 시작되었다. 먼저 이모가 말했다.

"얼마 전에 내가 들은 얘긴데 목욕탕에서 어떤 여자가 방귀를 꼈
는데 여자 둘이가 서로 아니라며 싸우다가 꼬집고 싸움이 났다는
거 아이가."

"그래 가지고 나도 싸움 날까 봐 탕에 보면 물 올라오는데 있잖

아, 거기서 방구 낀다 아이가."

"하하하하, 진짜 못 말린다 못 말려."

엄마는 입을 크게 벌리고 집에서보다 훨씬 더 크게 웃었다.

그 다음은 엄마가 말했다.

"우리 혜원이가 좋아하는 애 있는데 요즘 걔한테 잘 보이려고 그런지 막 옷도 맨날 갈아입고 머리도 여러 번 감고 그런다 아이가."

엄마도 웃고 이모들도 웃었다. 이모들과 오랜만에 이야기하며 놀아 그런지 엄마는 오늘따라 더 많이 웃었다. 엄마 때문에 내 비밀이 들통 나고 말았지만 엄마가 이렇게 크게 웃는 걸 보니 나도 기쁘다. 생각해 보면 엄마도 웃을 일이 별로 없는 것 같다. 아침부터 저녁까지 일만 해야 하니 다른 사람들과 만나 놀 수도 없으니 말이다.

엄마는 재밌는 이야기를 얼마나 많이 가지고 있는지 이야기를 계속 꺼냈다.

"혜령이 쟤는 먹는 거에 너무 강해. 먹을 거 있으면 절대 양보 안 한다 아이가."

"진짜 우리 집 애들은 안 먹어서 미치겠다."

"너거 집 애랑 우리 집 애랑 바꾸자."

"하하하하, 됐다. 안 바꿀란다."

"하하하하. 나도 됐다. 안 바꿀란다."

외숙모가 들어오셨다. 외숙모까지 이야기를 했다.

"뭐 그래 재밌는 이야기를 하노? 웃는 게 밖에까지 들린다."

엄마가 외숙모한테 말을 꺼냈다.

"야, 나도 차 면허 딸려고 하는데 괜찮겠나? 내 차 몰 거 같제?"

그때 큰이모가 말했다.

"니가 차 몰고 다닌다고? 안 된다. 니가 차 몰면 사고 나서 안 된다."

"맞다."

"왜? 잘 몰 거 같잖아."

"니보다 혜명이가 더 잘 몰 것 같은데?"

"하하하하하하, 뭐라고?"

엄마는 이날 밤 늦도록 이모들과 이야기를 하며 웃었다. 엄마가 날마다 이렇게 웃었으면 좋겠다.

✎ 아이의 어머니와 이모들은 목욕탕에서 방귀 뀐 이야기, 아이 이야기, 운전 이야기를 하며 끝없이 웃음을 이끌어 낸다. 아이는 어머니 웃는 모습을 보고 무척 흐뭇해한다. 그래서 어머니가 날마다 이렇게 웃으면 좋겠다고 한다.

웃으면 이렇게 긴장하지 않고 서로를 스스럼없이 대할 수 있다. 또 피로도 풀리고 우울한 마음도 사라진다. 그뿐만 아니라 둘레 사람들도 즐거워지고 하는 일도 잘 된다. 그래서 모두가 행복해진다.

아빠의 호주 이야기

5학년 신지아

학교를 마치고 집에 돌아와 동생과 만두를 먹었다. 먹다 보니 조용하고 썰렁해서 아빠한테 말을 건넸다.

"아빠는 어느 나라 가고 싶어?"

"아빠는 호주. 거기는 사람은 많이 없는데 땅이 넓고 초원같이 풀이 많아서."

"그럼, 서연이는 어디 가고 싶은데?"

서연이는 실실 웃더니,

"히히, 나는 호주. 호주는 사람은 없는데 땅이 넓고 풀이 많아서."

아빠와 같은 말을 해서 아빠는 크게 웃었다. 그러면서 서연이를 보며 귀엽다는 듯이 볼을 살짝 꼬집었다.

"왜? 호주 가고 싶나? 하하하……."

아빠가 크게 웃으니 나도 덩달아 웃음이 나왔다.

"그럼 언니는 어디 가고 싶은데?"

"나는 아무 데나."

"그럼 엄마는?"

"엄마는 네덜란드."

"엄마는 네덜란드에 가면 엄마를 풍차에 묶어서 돌려야 한다. 엄마 건망증이 없어질 때까지."

그러자 아빠도 웃고 엄마도 웃었다. 아빠는 배를 움켜잡으면서 웃었다. 엄마는 몸을 꼬면서 웃었다.

"하하하……. 엄마 풍차에 묶어서 돌려야 하나?"

"응. 히히……."

그러더니 서연이도 자기가 방금 한 말이 웃긴지 마구 웃었다. 그러자 나도 덩달아 웃음이 나왔다.

서연이가 방으로 들어가 사진을 가져왔다. 뭔가 싶어서 물어보니 비밀이라며 아무 말을 하지 않았다. 그러더니 사진을 보여 주며 웃었다.

"짠! 히히히히……."

사진을 보니 풍차 사진이었다. 자세히 보니 풍차의 긴 줄에 엄마를 묶어 놓은 자세로 그려 놓았다. 그 사진을 보고 엄마, 아빠는 한참 웃었다.

"서연아, 엄마냐?"

"엄마를 그 풍차에 돌려야 한다. 히히히……."

서연이의 사진을 보니 안 웃을 수가 없었다. 왜냐하면 그 사진에는 엄마만 묶여 있었던 것이 아니라 아빠도 있었기 때문이다.

"엄마, 아빠 둘이 있으니까 좋긴 좋제?"

"좋다. 니 때문에 웃겨서. 에이구!"

엄마, 아빠가 웃는 모습을 보니 나도 동생 서연이도 기분이 좋아 마음껏 웃었다.

✎ 아이가 어머니, 아버지를 풍차에 묶은 모습을 그림으로 그려서 모두를 웃게 만들었다. 이렇게 엉뚱한 일을 만들어 웃어 보는 것도 좋다. 갑자기 엉뚱한 말을 한다거나 어떤 가수의 흉내를 내면서 유행가를 부르거나, 아이들과 춤을 춘다거나 찾아보면 방법은 아주 많을 것이다.

이렇게 웃으면서 살면 기분만 좋아지는 것이 아니라 몸도 아주 건강해지고 좋다. 모두가 이렇게 웃으면서 아이를 건강하게 자라게 하면 좋겠다.

교사 이호철이 부모에게 드리는 자녀 교육 길잡이

감동을 주는 부모 되기

2009년 1월 5일 1판 1쇄 펴냄 | 2013년 7월 15일 1판 4쇄 펴냄 | **글쓴이** 이호철 | **편집 주간** 신옥희 | **편집** 심명숙, 하선영 | **교정** 이송희 | **디자인** 캠프커뮤니케이션즈 | **제작** 심준엽 | **영업·홍보** 김누리, 백봉현, 안명선, 이옥한, 정영지, 조병범, 최민용 | **누리집** 위희진 | **경영 지원** 유이분, 전범준, 한선희 | **인쇄** (주)미르 인쇄 | **제본** 대흥제책 | **펴낸이** 윤구병 | **펴낸곳** (주)도서출판 보리 | **출판 등록** 1991년 8월 6일 제 9-279호 | **주소** (413-120) 경기도 파주시 직지길 492 | **전화** (031)955-3535 | **전송** (031)950-9501 | **누리집** www.boribook.com | **전자 우편** bori@boribook.com

값 12,000원 ISBN 978-89-8428-561-3 03370

＊이 책의 국립중앙도서관 출판시 도서목록(CIP)은 e-CIP 홈페이지(http://www.nl.go.kr/cip.php)에서 볼 수 있습니다. (CIP 제어 번호 : 2008003700)